零基础学新公司财务管理

李军卫 罗 伟◎编著

实操版

中国铁道出版社有限公司
CHINA RAILWAY PUBLISHING HOUSE CO., LTD.

图书在版编目（CIP）数据

零基础学新公司财务管理 ：实操版 ／ 李军卫，罗伟编著. -- 北京 ： 中国铁道出版社有限公司，2025. 6.

ISBN 978-7-113-32233-5

Ⅰ．F276. 6

中国国家版本馆CIP数据核字第2025DF0995号

书　　名：零基础学新公司财务管理（实操版）
　　　　　LING JICHU XUE XIN GONGSI CAIWU GUANLI(SHICAO BAN)

作　　者：李军卫　罗 伟

责任编辑：王　宏　　　编辑部电话：(010) 51873038　　　电子邮箱：17037112@qq.com
封面设计：宿　萌
责任校对：安海燕
责任印制：赵星辰

出版发行：中国铁道出版社有限公司（100054，北京市西城区右安门西街 8 号）
网　　址：https://www.tdpress.com
印　　刷：河北燕山印务有限公司
版　　次：2025 年 6 月第 1 版　　2025 年 6 月第 1 次印刷
开　　本：710 mm×1 000 mm　1/16　印张：12　字数：208 千
书　　号：ISBN 978-7-113-32233-5
定　　价：69.80 元

随着现代经济环境的不断变化，越来越多的人开始选择自主创业。或许是为了实现自己的梦想，也或许是顺应当下的创业形势，不管出于何种目的，创业者肯定都希望能经营管理好自己的公司。

然而，想要做好公司管理并非一件简单的事。一个公司想要持续发展下去，会涉及方方面面，其中财务管理更是重中之重。新公司想要盈利和发展壮大，必然离不开良好的财务管理。

对于管理者来说，懂得如何进行财务管理，有助于从大局上掌握整个公司的财务状况，抓住公司发展的核心，便于在后续的发展过程中有针对性地改进完善。

不过，财务管理是对公司资金进行管理的一项综合性管理活动，既涉及基础的财务知识，也需要一定的逻辑思维和理解能力，并非那么简单。面对看似复杂的财务管理知识，作为零基础的新公司管理者应当如何做呢？

为此，作者编写了本书，从多个角度出发介绍新公司财务管理的相关知识，希望通过对本书的学习，读者可以掌握新公司财务管理的要领，提高管理能力。

本书共七章，分为四部分。

第一部分为第1章，主要对新公司为什么要进行财务管理、如何开展财务管理活动，以及进行财务管理需要掌握的一些基础财务知识进行介绍，包括会计的职能、会计账簿及记账方法，从简单的财务知识入手，让读者打好基础。

第二部分为第2～3章，主要介绍新公司应如何完善财务制度、如何开始建账、财务报表编制与财务分析，帮助新公司做好财务管理准备工作并学会了解财务状况。

第三部分为第4～6章，主要对与新公司有关的税收、预算与成本控制，以及利润分配与人力成本管理进行介绍，便于读者从多个角度把握公司的财务管理。

第四部分为第 7 章，主要讲解公司的财务风险与防范，通过讲解，让读者了解新公司有哪些财务管理风险，以及如何避免一些常见的操作误区。

本书的优势在于从零基础出发，通过案例和相关实操步骤讲解，介绍新公司财务管理的各种实用知识，并利用丰富的表格和图示降低财务管理学习的枯燥感，让读者更轻松有趣地学习书中的知识。

最后，希望所有读者都能从本书中学到想学的知识，掌握新公司财务管理的思维，打破财务壁垒，轻松入门。

编　者

2025 年 3 月

目录

第1章 做好前期准备：新公司财务管理入门

第 2 章　走好管理首步：完善财务制度与建账

第 3 章　熟悉财务状况：三大基础报表怎么看

第 4 章 依法按时纳税：配合开展税收管理

第 5 章　严控资金使用：做好预算与成本控制

第 6 章　持续经营关键：利润分配与人力成本管理

第 7 章　注重风险防范：新公司常见财务问题

做好前期准备：新公司财务管理入门

新公司成立后，处于复杂的市场环境中，各项业务开展都与财务管理紧密相关。财务管理是公司经营的核心，做好它，对保障资金安全、提高资金使用效率、实现可持续发展意义重大。所以，公司管理者要深入了解财务管理并做好相关工作。在开展财务管理工作前，先要了解什么是财务管理及如何做好财务管理等。另外，对于公司管理者来说还需要了解一些基本的财务知识。

1.1 新公司财务管理概述

对于公司来说，特别是新公司，要想实现长久发展，各项工作都必须稳定有序开展，并从公司实际情况出发不断调整，这就是公司管理。公司管理可以指明公司的发展方向，提高公司的运行效率，树立良好的公司形象。

而良好的财务管理可以实现公司价值最大化，合理规避风险。

1.1.1 财务管理到底管理什么

财务管理是组织公司财务活动，处理公司财务关系的一项经济管理工作。那么，财务管理到底是管理什么呢？主要包括如下五个方面的内容：

①筹资管理。筹资管理是指公司根据其生产经营的需要，通过一定的筹资渠道和筹资方式，为公司筹措所需资金的一种财务行为。按照公司筹措资金性质的不同分为权益资金和负债资金。权益资金是指可以通过吸收直接投资、发行股票和公司内部留存收益等方式取得的资金；负债资金是指可以通过向银行借款、发行债券等方式获得的资金。

②投资管理。投资管理是指以收回现金并取得收益为目的而发生的现金流出，主要可按表 1-1 中的三种方式分类。

表 1-1　投资管理的分类

分类方式	类别	具体阐述
投资方式	直接投资	直接投资是指投资者将货币资金直接投入投资项目，形成实物资产或购买现有公司的投资，以便拥有一定数量的公司资产及经营所有权的投资，如对厂房、机械设备等各种资产的投资
	间接投资	间接投资是指投资者以其资本购买公司债券、金融债券或公司股票等各种有价证券，以期获取一定收益的投资，如购买金融债券、公司债券等
时间长短	长期投资	长期投资是指公司为了获取经营活动所需的实物资源，而对经营性固定资产进行投资且持有时间超过一年的投资，如一年以上的定期存款等
	短期投资	短期投资是指公司购入的各种能随时变现且持有时间不超过一年的有价证券，以及不超过一年的其他投资，如短期国库券等
投资回报性质	固定收益投资	固定收益投资是指投资者购买的某种金融资产，事先确定了一个固定的收益率，并在整个投资期限内不变的投资，如银行存款、债券等
	非固定收益投资	非固定收益投资是指投资者购买的某种金融资产，事先并不确定固定的收益率，也不一定按期支付，而是因时而异的一种投资，如普通股的投资等

③营运资本管理。营运资本管理主要是指制定营运资本投资策略，决定分配多少资本用于应收账款和存货、保留多少现金以备支付，以及对这些资本进行日常管理。营运资本管理的目标主要有三个，如图 1-1 所示。

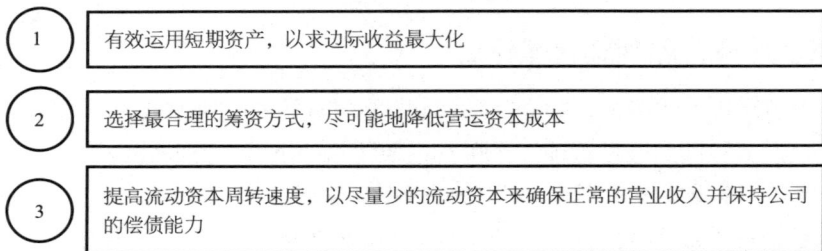

图 1-1　营运资本管理的目标

④成本管理。成本管理是指公司对生产经营过程中的各项成本进行核算、分析、决策和控制等的一系列管理行为。

⑤收入与分配管理。收入与分配管理是指公司对经营收入进行合理分配，以实现预定目标的一种经济管理活动。

1.1.2　新公司财务管理的关键是什么

创立公司的初衷多样，但盈利无疑是公司生存与发展的重要基石。财务管理作为一种经济管理活动，也是围绕着公司的发展目标进行的，财务管理的目标与公司发展目标是一致的。所以财务管理的关键就是要明确财务管理的目标。

财务管理目标是指公司进行财务管理活动要实现的最终目的，它决定着公司财务的发展方向。各个公司的财务管理目标可能有所不同，但是普遍被人们所接受的主要有三种观念，如图 1-2 所示。

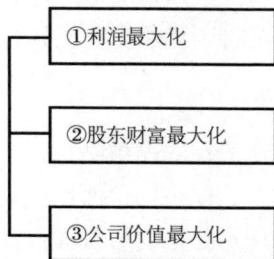

①利润最大化

②股东财富最大化

③公司价值最大化

图 1-2　公司财务管理目标

1. 利润最大化

利润最大化观点认为利润代表了公司新创造的财富，利润越多，说明公司增加的财富也越多，就越接近公司的发展目标。

但是在实际运用的过程中，这一观点的弊端也日渐显现，主要体现在以下四个方面：

①概念模糊，利润的含义不止一种，此观点中没有明确利润的具体概念，如到底是会计利润，还是经济利润等。

②忽略了货币的时间价值，没有考虑利润的取得时间。

③没有考虑所获利润应承担的风险。

④没有考虑取得利润与投入资本额的关系，利润是一个绝对数字，无法真正衡量公司经营业绩的好坏。

2. 股东财富最大化

股东财富最大化观点认为通过公司合理的财务经营，以求实现股东财富的最大化。股份制企业是现代企业组织形式中比较常见的一种，主要特征是企业所有权与经营权分离，股东不是企业直接的经营管理者，而是委托给经营者代为管理。企业经营者的目标就是最大限度地实现股东的利益。

由于股东财富最大化这一目标基于未来的预计现金流量，能在一定程度上克服公司追求短期利润的行为，比较容易量化，在计算股东财富的过程中也考虑了风险因素，因而受到了很多国内外公司的认可与采用。

但是，采用此观点也存在如下问题：

①该目标只适合上市公司，不适合非上市公司，不具有普遍性。

②只强调了股东利益，容易忽视其他利益相关者的利益。

③受雇的经营者可能会背离股东财富最大化的目标。

④股票价格的高低受到各种因素的影响，具有不可控性。

3. 公司价值最大化

公司价值最大化是指采用最优的财务结构，在充分考虑资金时间价值，以及风险与报酬关系的基础上，使公司价值达到最大。此观点全面地考虑到了公司利益相关者和社会责任对公司财务管理目标的影响，但该目标仍存在一些问题。

公司价值计量问题。首先，把不同理财主体的自由现金流混合进行折现，不具有可比性；其次，把不同时点的现金流共同折现，不具有说服力。

不利于管理人员理解与掌握。公司价值最大化是几个具体财务管理目标的结合，包括股东财富最大化和其他各种利益相关者财富最大化，这些具体目标的衡量指标不同，使财务管理人员无所适从。

没有考虑股权资本成本。在现代社会，股权资本和债权资本一样，不是免费取得的，如不能获取最低的投资报酬，股东们就会转移资本投向。

1.1.3 新公司如何开展财务管理

公司财务管理是一项综合性的经济管理活动，具有一定的复杂性和难度，特别是对于新创办的公司来说，在财务管理活动中容易产生以下一些问题：

1. 财务管理制度不健全

对于新公司来说，制定和完善财务管理制度需要花费一定的时间和精力，所以一些新公司为了偷懒，容易忽视或简化财务管理制度，导致财务管控不严、财务会计工作流程不规范、不能正确及时地核算公司的经营状况，财务管理松散不能形成体系等问题。

2. 财务人员素质不高

新公司在对财务人员的选择上也容易产生一些问题，比如财务人员业务不熟练导致公司做账不规范，账务资料混乱及资料保管不善等，给公司带来隐患。

3. 发票问题多

开办公司都离不开与发票打交道，发票是公司在经营过程中产生的成本、费用或取得收入的原始凭证，是公司做账的依据，同时也是缴税的费用凭证和员工用于报销的凭证，对于公司的重要性不言而喻。

但是电子发票也存在审核困难、报销不规范等问题。虚假发票入账后，不仅会给公司带来资金损失，还存在税务风险。

那么，新公司到底应该如何开展财务管理活动呢？可以从以下三个方面着手进行：

①逐步落实和完善财务管理制度。虽然在前期可能会耗费一些时间，但是健全的财务管理制度可以为后期规范进行财务管理活动打下基础，以便公司财务活动更稳定有序地进行。

②提高财务人员素质。明确岗位职责，选择业务能力强且适合公司发展的人选，对财务人员建立定期学习制度，不断提高财务人员素质，增强财务人员的专业能力与责任意识。

③严格审查各项财务收支。审查各项流程是否严格执行，各项手续是否齐全，各种票据是否是真实取得。

1.1.4 新公司成立的财务处理流程

对于新公司来说，首先要清楚新公司成立有哪些必要的财务处理流程。主要分为两部分：一是开办前的注册登记相关事宜；二是正式开展财务管理活动。

公司开办前各项琐事的登记流程如图 1-3 所示。

新公司正式开展财务管理活动主要有以下五个步骤：

①去税务局备案。带上营业执照等资料，分别去当地税务机关录入公司信息，并去专管员处报到，登记公司相关资料。

②确认准则。公司使用的会计准则主要以公司性质为主。

③制定公司财务管理制度。

④开立基本账户。先确立好开立基本账户的银行，然后预约日期去办理开户手续。

⑤建立账簿。

设立登记公司名称，可以在网上预约完成

登记公司注册资金来源，可由财务人员协助完成。然后开设银行账户，将公司注册资金存入银行，并取得资金证明

带着资金证明到市场监督管理局，正式办理工商开业登记，领取营业执照

带着营业执照、法人身份证、营业场所证明、税务登记申请书等材料，到主管税务机关办理税务登记。确认公司要缴的税种、缴税方式，领取发票和税控盘

刻印公章。包括财务专用章、发票专用章、法人章等

到银行办理开户登记。以后就可以用公司的对公账户来进行交易了。然后将以上公章在银行预留印鉴。到此，公司注册手续基本上算是完成了

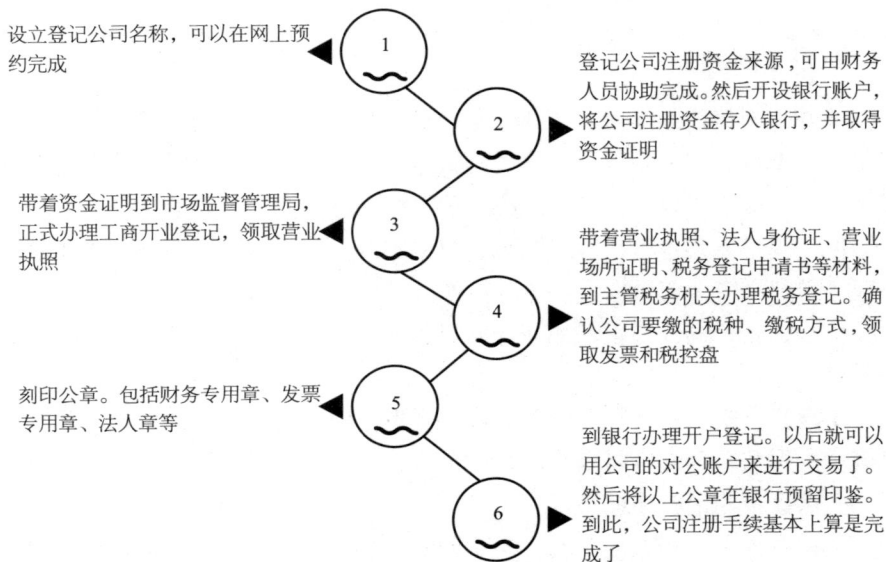

图 1-3　公司开办前注册登记事宜

1.2　开公司必知的会计知识

新公司在进行财务管理活动的时候，管理者作为公司的决策人，为了更好地掌握公司的经营状况，也有必要了解一些基础的会计知识。

1.2.1　会计对象与基本职能

会计作为一种经济管理活动，主要是以货币为计量单位，采用专门的程序和方法，对公司的经济活动进行核算和监督，以便为财务报告使用者进行决策提供有用的信息。

会计的对象是指会计核算和监督的具体内容。由于会计是对特定主体的经济活动进行核算和监督，并不能核算和监督整个社会生产过程中的所有经

济活动。所以会计有其特定的对象，即一般的企事业单位、社会团体及特定的经济组织等。

从会计的定义可以看出，会计工作主要是进行核算和监督，所以会计的两大基本职能就是核算与监督。

1. 会计核算

会计核算是指以货币为主要计量单位，对特定主体的经济活动进行确认、计量、记录和报告。核算是会计最基本的职能，贯穿于经济活动的全过程。会计核算的内容主要有如下七项：

①款项和有价证券的收付。

②财物的收发、增减和使用。

③债权、债务的发生和结算。

④资本、基金的增减。

⑤收入、支出、费用和成本的计算。

⑥财务成果的计算和处理。

⑦需要办理会计手续、进行会计核算的其他事项。

2. 会计监督

会计监督是指会计人员对会计核算的真实性、合法性和合理性进行有效监督。

会计核算与会计监督是相辅相成、辩证统一的。会计核算是会计监督的基础，没有核算提供的各种信息，监督就失去了依据；会计监督是会计核算质量的保障，没有监督，就很难保证核算信息的质量。

拓展贴士 **会计的拓展职能**

会计除核算与监督的基本职能外，还有其他拓展职能，具体如下：

①预测经济前景。基于财务报告等信息，判断推测经济活动规律，指导调节经济活动以提高效益。

②参与经济决策。运用定量与定性分析方法，分析备选方案的经济可行性，为决策提供信息支持。

③评价经营业绩。利用财务报告信息，评估公司经营成果，对照评价标准进行定量定性分析，形成公正评判。

1.2.2　会计四大假设

会计假设是指由于会计核算所处环境不断变化和其他一些不确定的因素，会计人员根据客观正常的情况或趋势所做的合乎情理的判断。

会计假设是会计核算工作的前提条件，所以又叫会计核算的基本前提，主要包括会计主体、持续经营、会计分期和货币计量，见表1-2。

表1-2　会计四大假设

假　　设	具体阐述
会计主体	会计主体是指会计工作服务的特定对象，它界定了从事会计工作的空间范围。明确界定会计主体是开展会计确认、计量和报告工作的重要前提。只有明确会计主体，才能划定会计工作所要处理的各项交易或事项的范围，也才能将会计主体的交易或事项与会计主体所有者的交易或事项，以及其他会计主体的交易或事项区分开
持续经营	持续经营是指会计主体在可预见的未来会按照当前的模式经营下去，不会发生破产清算，是会计确认、计量和报告的时间范围。公司是否持续经营，对于会计原则、会计方法的选择有很大影响。所以，一般情况下会假定公司将会按照当前的规模和状态持续经营下去。明确这个基本假设，也就意味着会计主体会按照既定用途使用资产，按照既定的条件清偿债务等，会计人员就可以在此基础上选择相应的会计原则和会计方法
会计分期	会计分期是指将公司持续经营的生产经营活动划分为一个个连续的、长短相同的期间。在会计分期假设下，公司应当划分会计期间，分期结算账目和编制财务报告。会计期间通常分为年度和中期。因为有会计分期，所以才产生了当期与以前期间、以后期间的区别，使不同类型的会计主体有了记账的基准，进而产生了折旧、摊销等会计处理方法
货币计量	货币计量是指会计主体在进行会计确认、计量和报告时，以货币来进行计量，反映会计主体的生产经营活动。货币具有价值尺度、流通手段、贮藏手段和支付手段等特点，可以反映公司的生产经营情况，也便于在数量上进行汇总和比较

会计核算四大假设之间存在相互依存、相互补充的关系。没有会计主体，就不会有持续经营；没有持续经营，就不会有会计分期；没有货币计量也就无法用统一的标准来记录和报告企业的经济活动。

1.2.3　会计六要素

会计要素是对会计对象的进一步分类，是会计核算对象的具体化，也是会计报表的重要组成部分。

　　我国《企业会计准则》规定企业应当按交易或事项的经济特征来确定会计要素，主要包括资产、负债、所有者权益（股东权益）、收入、费用和利润六项。

　　其中，资产、负债、所有者权益三项属于静态要素；收入、费用、利润三项属于动态要素，如图 1-4 所示。

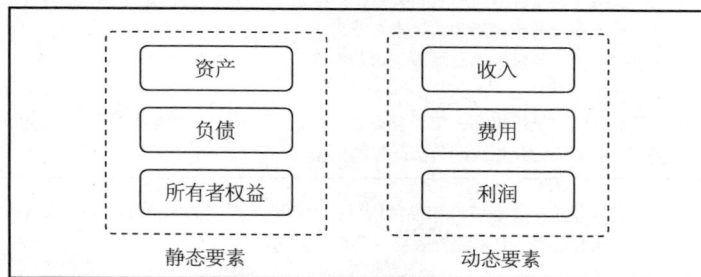

图 1-4　会计六要素

　　静态要素主要反映某一特定日期的财务状况，是企业编制资产负债表的基础，它们存在如下等式关系：

$$资产 = 负债 + 所有者权益$$

　　动态要素反映某一会计期间的经营成果，是企业编制利润表的基础，它们之间存在以下等式关系：

$$利润 = 收入 - 费用$$

　　下面就来分别介绍这六大要素，具体见表 1-3。

表 1-3　会计六大要素

要素	具体阐述
资产	资产是指企业过去的交易或者事项形成的，由企业拥有或者控制的，预期会给企业带来经济利益的资源。 【特征】 ①资产是由企业过去的交易或者事项形成的。只有过去的交易或事项才能产生资产，现在或者未来发生的交易或者事项都不能形成资产。 ②资产预期会给企业带来经济利益，且该项资产产生的经济利益是能够可靠计量的。 ③资产应为企业拥有或者控制的资源。由企业拥有或者控制是指企业享有某项资产的所有权，或虽然不享有该项资产的所有权，但拥有该项资产的控制权。 【分类】 ①流动资产，是指可以在一年或超过一年的一个营业周期内变现或耗用的资产。 ②非流动资产，是指不能在一年或者超过一年的一个营业周期内变现或者耗用的资产

续上表

要素	具体阐述
负债	负债是指企业过去的交易或者事项形成的，预期会导致经济利益流出企业的现时义务。 【特征】 ①负债是企业承担的现时义务。其中，现时义务是指企业在现行条件下已承担的义务，未来发生的交易或者事项形成的义务，都不属于现时义务，不应当确认为负债。 ②负债预期会导致经济利益流出企业。 ③负债是由企业过去的交易或者事项形成。 【分类】 ①流动负债，是指将在一年（含一年）或超过一年的一个营业周期内偿还的债务。 ②非流动负债，是指流动负债以外的负债
所有者权益	所有者权益是指企业资产扣除负债后，由所有者享有的剩余权益。所有者权益主要括所有者投入的资本、其他综合收益、留存收益等
收入	收入是指企业在日常活动中形成的、会导致所有者权益增加的、与所有者投入资本无关的经济利益的总流入。 【特征】 ①收入是从企业的日常活动中产生的，而不是偶然的交易或事项产生的。 ②收入是与所有者投入资本无关的经济利益的总流入。 ③收入必然会导致企业所有者权益的增加。 【分类】 ①主营业务收入，是指企业从事主要的经营活动所取得的收入，如零售企业产生的主营业务收入指商品销售收入。 ②其他业务收入，是指企业从事的非经常性的或兼营的业务产生的收入，如销售包装物、出租固定资产等取得的收入
费用	费用是指企业在日常活动中发生的、会导致所有者权益减少的、与向所有者分配利润无关的经济利益的总流出。 【特征】 ①费用会导致企业资源的减少。 ②费用可能表现为资产的减少，或负债的增加，或者二者兼而有之。 ③费用最终会导致企业所有者权益的减少。 【分类】 ①主营业务成本，是指企业销售商品、提供劳务等经营性活动所发生的成本，包括直接材料费、直接人工费等。 ②其他业务成本，是指企业确认的除了主营业务活动以外的其他日常经营活动所发生的支出，如销售材料的成本、出租固定资产的折旧额等。 ③期间费用，是指企业日常活动中不能直接归属于某个特定成本核算对象，而是在发生时直接计入当期损益的各种费用，包括管理费用、销售费用、财务费用等

续上表

要素	具体阐述
利润	利润是指企业在一定会计期间的经营成果。 【特征】 ①利润具有一定的盈利能力，它是企业一定时期的财务成果。 ②利润是一定时期的收入与费用相减的结果。 ③利润具有较强的获取现金的能力。 【分类】 ①营业利润，是企业在其全部销售业务中实现的利润。 ②利润总额，是企业在一定期间的利润总额。 ③净利润，是企业当期利润总额减去所得税费用后的余额

1.2.4 认识各种会计凭证

在公司生产经营过程中，会发生各种各样的经济业务，为了更有序地记录这些经济业务的发生，就需要编制会计凭证。会计凭证是记录公司经济业务、明确经济责任、按照一定格式编制的，用来登记会计账簿的一种书面证明。

会计凭证按照编制程序和用途的不同可以分为原始凭证和记账凭证。下面分别介绍。

1. 原始凭证

原始凭证是在经济业务发生时取得或填制的，用来记录和证明经济业务已经发生或完成的凭证。根据不同的划分依据，可以分为不同的类型，下面来具体讲解。

◆ 按取得来源进行划分

按取得来源可以将原始凭证分为自制原始凭证和外来原始凭证，具体介绍如下：

①自制原始凭证是指由公司内部的财务部门或个人在完成某项经济业务时所填制的原始凭证，图1-5所示的差旅费报销单就是常见的自制原始凭证。

②外来原始凭是指在经济业务完成时，从经济业务往来单位或个人处直接取得的原始凭证，如采购原材料时从供货单位取得的发票等。

______有限公司

差旅费报销单　　　　NO. 0000001

姓名		职别		出差事由							
出差起止日期自　年　月　日起至　年　月　日止共　天附单据　张											
日期		起讫地点	天数	机票费	车船费	市内交通费	住宿费	出差伙食补助	住宿节约补助	其他	小计
月	日										
合计											
总计金额（大写）：											
本次报账结算方式：1.本次报账____元，不予支付款项，暂作挂账处理；2.冲销预付款或借款____元，不予支付款项，应退金额____元；3.冲销预付款或借款____元，补支款项：现金____元；4.支付款项：现金____元；银行转账____元。											
财务总监审核			主管副总审核			副总经理审核			总经理（或授权人）审批		

审计审核：　财务审核：　出纳：　总监：　部门经理：　出差人：　领款人：

图 1-5　差旅费报销单

◆ 按填制方式进行划分

按填制方式可以将原始凭证分为一次原始凭证、累计原始凭证和汇总原始凭证，具体介绍如下：

①一次原始凭证是指填制时只记载一项经济业务的原始凭证，如图 1-6 所示的收据等。

收　据　　　　No5005121

日期：　年　月　日

收　到________________

金额（大写）　拾　万　仟　佰　拾　元　角　分 ¥

附　注：

发据单位盖章　会计　出纳　经手人

①存根（白）②收据（红）③记账（蓝）

图 1-6　收据

②累计原始凭证是指在一定时间内连续多次记载重复发生的同类经济业务的原始凭证，如限额领料单等。

③汇总原始凭证是指根据一定时期内的多张反映同类经济业务的原始凭证汇总编制而成的凭证。

2. 记账凭证

记账凭证是公司财务部门根据原始凭证填制的，用来记载经济业务的简要内容，确定会计分录和作为记账依据的会计凭证。通常，按照用途将记账凭证分为通用记账凭证和专用记账凭证，下面来进行具体讲解。

◆ 通用记账凭证

通用记账凭证是指所有经济业务都可以用其填写的记账凭证，其模板如图 1-7 所示。

记　账　凭　证

年　月　日　　　　记字第　　号

摘要	总账科目	明细科目	记账√	借方金额										记账√	贷方金额										记账符号
				千	百	十	万	千	百	十	元	角	分		千	百	十	万	千	百	十	元	角	分	
合计																									

附件　张

会计主管　　记账　　出纳　　审核　　制单

图 1-7　通用记账凭证

◆ 专用记账凭证

专用记账凭证是指专门用来反映某一类经济业务的凭证。按其反映经济业务的内容不同，又可以分为收款凭证、付款凭证和转账凭证三种。

①收款凭证是指用于记录现金和银行存款收款业务的记账凭证，其模板如图 1-8 所示。

收　款　凭　证

借方科目：　　年　月　日　　　　银收字　　号

对方单位（或领款人）	摘要	贷方科目		金额										记账符号
		总账科目	明细科目	千	百	十	万	千	百	十	元	角	分	
		合计金额												

附凭证　张

会计主管　　记账　　出纳　　审核　　制单

图 1-8　收款凭证

②付款凭证是指用于记录现金和银行存款付款业务的记账凭证，其模板如图 1-9 所示。

付　款　凭　证

贷方科目：　　　　年　月　日　　　　现付字　　号

对方单位（或领款人）	摘要	借方科目		金额										记账符号
		总账科目	明细科目	千	百	十	万	千	百	十	元	角	分	
		合计金额												

附凭证　张

会计主管　　记账　　出纳　　审核　　制单

图 1-9　付款凭证

③转账凭证是指用于记录不涉及现金和银行存款业务的记账凭证，其模板如图 1-10 所示。

转　账　凭　证

年　月　日　　　　转字第　　号

摘　要	总账科目	明细科目	借方										贷方										记账符号
			千	百	十	万	千	百	十	元	角	分	千	百	十	万	千	百	十	元	角	分	
		合计金额																					

附凭证　张

会计主管　　记账　　出纳　　审核　　制单

图 1-10　转账凭证

拓展贴士　记账凭证的分类

记账凭证除按照用途进行划分外，还可以按照填制方式进行分类，分为单式记账凭证与复式记账凭证。单式记账凭证是指每张凭证上只填列一个账户名称，其对应的账户名称只作为参考，不记入账目。复式记账凭证是指每张凭证上都填列一笔分录的全部账户名称。

1.2.5　认识各种会计账簿

在会计工作中，由于公司的经济业务比较繁杂，产生的会计凭证也多而散乱，不便于管理和以后查看，因此采用会计账簿的形式来对散乱的会计凭证进行整理和归集。

会计账簿是以会计凭证为依据，由专门格式的账页组合在一起，对公司的经济业务进行全面、系统、连续、分类记录和核算的簿籍。按照用途、账页格式、外形特征等划分为不同的会计账簿。

1. 按照用途进行划分

按照用途可以分为序时账簿、分类账簿和备查账簿三类。

◆ 序时账簿

序时账簿又称日记账，是按照经济业务发生或完成时间的先后顺序逐日逐笔进行登记的账簿。序时账簿按照其记录内容的不同又可以分为普通日记账和特种日记账。

①普通日记账是指不论其经济业务的性质如何，都按其先后顺序，编制成会计分录记入账簿。

②特种日记账是指按经济业务性质单独设置的账簿，只记录特定项目的经济业务和反映其详细情况，如现金日记账和银行存款日记账，如图 1-11、图 1-12 所示。

◆ 分类账簿

分类账簿是指公司对其全部经济业务按照会计要素的具体类别而设置账户来进行登记的账簿，按详细程度不同，又分为总分类账和明细分类账。

①总分类账也叫总账，是根据会计总分类科目开设的账户，用来登记公司的全部经济业务，进行总分类核算的账簿，如图 1-13 所示。

图 1-11　现金日记账

银 行 存 款 日 记 账

开户行：

账 号：

年		凭证		对方科目	摘要	收入（借方）									支出（贷方）									结余（余额）									核对
月	日	种类	号数			百	十	万	千	百	十	元	角	分	百	十	万	千	百	十	元	角	分	百	十	万	千	百	十	元	角	分	

图 1-12　银行存款日记账

总 　 账

会计科目及编号名称：_____

年		记账凭证号数	摘要	页数	借方									贷方									借或贷	余额								
月	日				百	十	万	千	百	十	元	角	分	百	十	万	千	百	十	元	角	分		百	十	万	千	百	十	元	角	分

图 1-13　总分类账

②明细分类账也叫明细账，是根据会计明细分类科目开设的账户，用来登记具体某一类经济业务，进行明细分类核算的账簿。

◆ 备查账簿

备查账簿也叫辅助账簿，是对某些在序时账簿和分类账簿等主要账簿中没有登记或登记不够详细的经济业务进行补充登记的账簿。

备查账簿可以为公司经营管理活动提供参考资料，如委托加工材料登记簿、租入固定资产登记簿等。

2. 按照账页格式进行划分

按照账页格式划分可以分为两栏式账簿、三栏式账簿、多栏式账簿和数量金额式账簿，其中比较常用的是后三种账簿。

①两栏式账簿是指只设有借方和贷方两栏的账簿，普通日记账和转账日记账一般采用两栏式账簿。

②三栏式账簿是指设有借方、贷方和余额三栏的账簿，各种日记账、总账，以及资本、债权、债务明细账都可以采用三栏式账簿，如图 1-14 所示。

明细账

年		记账凭证号数	摘要	页数	借方									贷方									借或贷	余额								
月	日				百	十	万	千	百	十	元	角	分	百	十	万	千	百	十	元	角	分		百	十	万	千	百	十	元	角	分

图 1-14　三栏式账簿

③多栏式账簿是指在三栏式账簿的基础上，根据需要再划分出若干个专栏的账簿。适用于收入、成本、费用、利润和利润分配明细账，如"生产成本""管理费用"等明细账一般采用多栏式账簿，如图 1-15 所示。

明细账

年		记账凭证号数	摘要	借方																											贷方																														借或贷	余额						

图 1-15　多栏式账簿

④数量金额式账簿是指在账簿的借方、贷方和余额三个栏目内，又再分设数量、单价和金额三个小栏，用来反映财产物资的实物数量和价值量，如图 1-16 所示。

明细账

存货仓名： _____　　　　　规格： _____　　　　　单位： _____

年		记账凭证号数	摘要	页数	收入													发出													结存											
月	日				数量	单价	金额											数量	单价	金额											数量	单价	金额									

图 1-16　数量金额式账簿

3. 按照外形特征进行划分

按照外形特征可以分为订本式账簿、活页式账簿和卡片式账簿三类，各类账簿介绍见表1-4。

表1-4　按照外形特征进行划分的账簿

类　　别	具体阐述
订本式账簿	订本式账簿是在启用前将编有顺序页码的一定数量的账页装订成册的账簿，一般适用于总分类账、现金日记账和银行存款日记账。订本式账簿可以避免账页散失，防止被抽换，具有一定的安全性，但是同一账簿在同一时间只能由一人登记，也不便于会计人员分工协作记账。 值得注意的是，特种日记账只能采用订本账的形式，如库存现金日记账和银行存款日记账
活页式账簿	活页式账簿是将一定数量的账页放置于活页夹内，可以根据记账内容的变化随时增减账页的账簿，活页账一般适用于明细分类账。其优点是可以根据实际情况增添账页，使用灵活，同时也便于会计人员分工记账，但也存在账页容易散失和被抽换的问题
卡片式账簿	卡片式账簿是将一定数量的卡片式账页存放在专门的卡片箱中，也可以根据需要随时增添账页，一般适用于低值易耗品、固定资产等明细账的记录

1.3　新公司初期财务准备工作

对于新成立的公司来说，要做好财务管理工作的前期准备，这是必不可少的程序。

1.3.1　如何办理银行开户

新公司创立之后需要到银行办理开户手续，以便于公司以后进行经济活动。开设银行账户时需要提供的基本资料如下：

①公司营业执照原件和复印件。

②公司法人代表身份证和复印件。

③公司公章、财务章、法人代表私章。

④公司章程。

在递交了相关资料后，开户银行会将资料上交中国人民银行审核，中国人民银行审核合格之后，开户银行再办理开户。

银行账户是用户在银行开设的存款账户、贷款账户及往来账户的总称，一般公司常用的银行结算账户主要包括如下四种：

1. 基本存款账户

基本存款账户是公司日常经营活动中用于资金收付、工资发放及现金支取等的账户。

注意，一个公司只能在银行开立一个基本存款账户，基本存款账户是开立其他银行结算账户的基础。

2. 一般存款账户

一般存款账户是存款人因借款或其他结算需要开设的银行结算账户，没有数量限制，但一般存款账户不能再选择存款人的基本存款账户的开户银行。该账户可以办理现金缴存业务，但不得办理现金支取。

3. 临时存款账户

临时存款账户是指存款人因为临时需要并在规定期限内使用而开立的银行结算账户。存款人在异地临时经营活动、注册验资等情况下可以申请开立临时存款账户，临时存款账户的有效期最长不得超过两年。

4. 专用存款账户

专用存款账户是指存款人按照法律、行政法规和规章的规定，对其特定用途的资金进行专项管理和使用而开设的银行结算账户。用于办理各项专用资金的收付，如基本建设资金、更新改造资金等。

在正式办理银行账户之前还需要了解一下银行开户的基本流程，如图 1-17 所示。

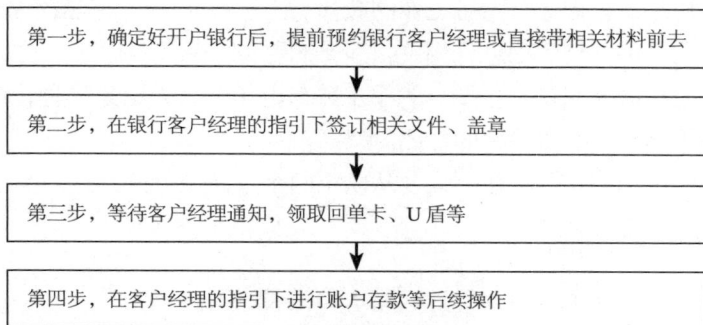

第一步，确定好开户银行后，提前预约银行客户经理或直接带相关材料前去

第二步，在银行客户经理的指引下签订相关文件、盖章

第三步，等待客户经理通知，领取回单卡、U 盾等

第四步，在客户经理的指引下进行账户存款等后续操作

图 1-17　银行开户的基本流程

1.3.2 如何设置公司财务部门

财务部门是对公司来说至关重要的部门，可以管控和评估公司的经营情况，进行税务管理，合理把控资金，减少成本，决定着公司是否正常运营。

所以财务部门的设置也要合理规范，那么新公司应该如何设置财务部门呢？不同公司财务部门的设置是不同的，财务部门常见的岗位设置如图 1-18所示。

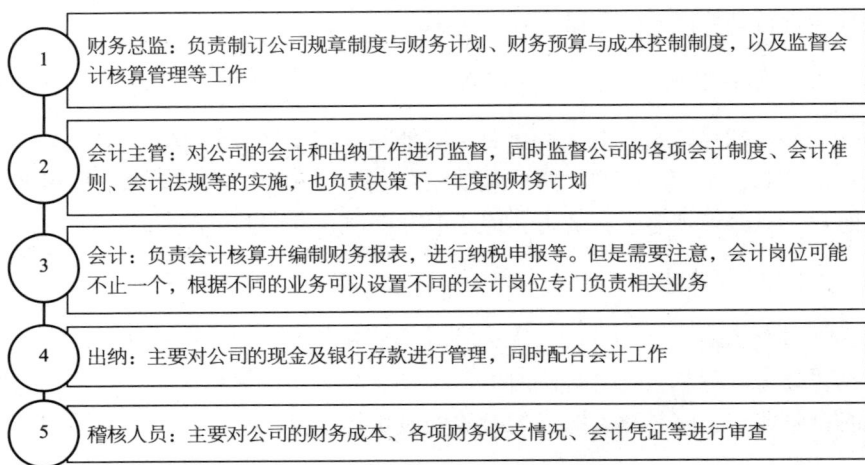

① 财务总监：负责制订公司规章制度与财务计划、财务预算与成本控制制度，以及监督会计核算管理等工作

② 会计主管：对公司的会计和出纳工作进行监督，同时监督公司的各项会计制度、会计准则、会计法规等的实施，也负责决策下一年度的财务计划

③ 会计：负责会计核算并编制财务报表，进行纳税申报等。但是需要注意，会计岗位可能不止一个，根据不同的业务可以设置不同的会计岗位专门负责相关业务

④ 出纳：主要对公司的现金及银行存款进行管理，同时配合会计工作

⑤ 稽核人员：主要对公司的财务成本、各项财务收支情况、会计凭证等进行审查

图 1-18 财务部门常见岗位设置

对于一般的中小型企业来说，为了减轻企业人力物力方面的压力，一般只设置会计主管、会计和出纳三个岗位。

1.3.3 公司财务用品要准备哪些

财务用品是公司进行财务工作的载体，财务用品准备工作虽然看似事小，但是与公司日常办公活动息息相关，涉及的财务用品还是比较多的。

对于公司做账来说，主要分为手工账与电子账，无论是哪种，都需要相关的财务用品，下面做简单的介绍。

若公司选择的是手工账，需要从以下两个方面进行准备：

1. 财务专门用品

财务专门用品主要包括凭证、账本和报表三项。

①需要准备的常用的凭证有收款凭证、付款凭证、转账凭证和记账凭证，还有作为原始凭证附件需要的各种单据，如借款单、收据、差旅费报销单等，最后还有装订记账凭证需要的封面、凭证装订线和装订工具等。

②准备常见的账本用来记账，如总账、明细账、日记账等，其中总账一般采用订本式账簿；明细账常见的格式一般有三栏式、数量金额式和多栏式；日记账包括现金日记账和银行存款日记账。

③报表就是常见的资产负债表、利润表和现金流量表等，在手工账中，一般装订折叠在首页。

2. 日常需要用品

除财务专门用品外，企业在日常财务活动中还会涉及以下用品：

①文件档案管理类，如文件夹、报告夹、票据夹、资料册、档案盒、档案袋、卡片袋和资料夹等。

②桌面用品，如订书机、起钉器、打孔器、剪刀、美工刀、票夹、削笔刀、胶带、计算器和笔袋等。

③办公用品，如活页本、拍纸本、便利贴、会议记录本、中性笔、铅笔和订书钉等。

对于现代很多企业来说，除了手工账之外，还有电子账，相对于手工账来说可以减少人力成本，大大提高财务人员工作效率。电子账则需要用相关的财务软件来做账，现代企业常用的做账软件主要有用友、金蝶、管家婆等，三者的对比见表 1-5，企业可以根据自身情况进行选择。

表 1-5　用友、金蝶、管家婆做账软件的对比

类　别	具体阐述
用　友	用友主要定位于政府机构、国有企业、大型企业，各类产品也比较丰富，财务处理也比较精细和规范
金　蝶	金蝶定位为民营中小型企业，分为 KIS 系统和 K3 系列，其中 KIS 中的专业版包括账务处理、报表与分析、工资、固定资产、出纳核算等；迷你版、标准版只包括财务部分，不包含供应链。在软件操作上，金蝶提倡简单、快捷、高效，比较容易上手
管家婆	管家婆定位比较狭窄，主要是小型商业型企业，主要以简单实用为主，容易上手，价格也比较实惠，主要以进销存为主

第2章

走好管理首步：完善财务制度与建账

为了使公司财务管理活动更规范有序，对于新公司来说，需要建立和完善财务制度。除此之外，每个公司在开展财务活动前，会计人员还需要进行建账工作。

2.1 新公司财务管理制度要完善

公司财务管理制度主要是指公司内部的财务制度，是公司的管理部门根据国家有关法律法规的规定并结合自身经营发展要求制定的，用来指导和规范公司内部发生的财务行为和处理内部财务关系的具体准则。

2.1.1 新公司财务管理制度概述

建立和完善财务管理制度能够使公司财务管理工作更有章可循，促进公司财务管理目标早日实现。下面就来具体了解一下财务管理制度的作用及需要遵循的规则和内容。

1. 财务管理制度的作用

财务管理制度是整个财务制度体系中最基础的财务制度，主要有图2-1所示的四个方面的作用。

总的来说，为了更好地进行财务管理活动，新公司要重视和建立财务管理制度。

2. 新公司建立财务管理制度要遵循的规则

公司财务制度的建立首先要符合财务政策的规定，但是也要从自身经营特点出发，需要遵循以下六点原则和要求：

①遵循公司财务通则和行业财务制度的规定。

②要体现公司自身的生产技术和经营管理特点。

③明确公司经营的具体范围。

④明确内部财务管理岗位的职责。

⑤明确财务管理的内容和方法。

⑥制定财务规划与财务评价的方法和程序。

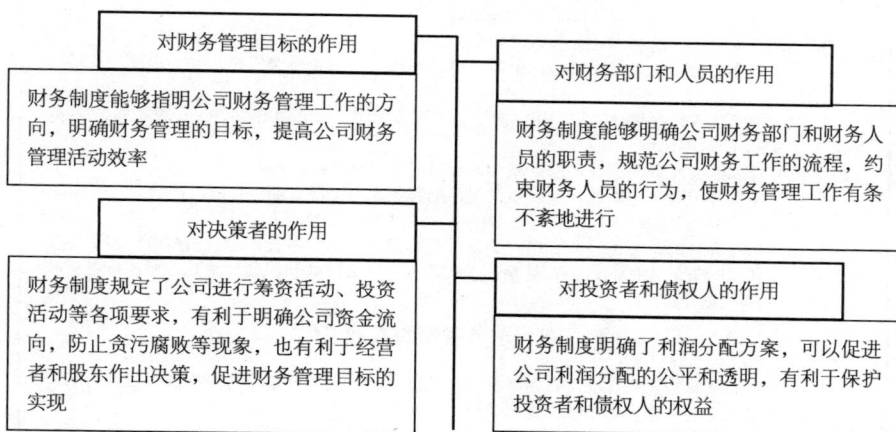

图 2-1　财务管理制度的作用

3. 新公司建立财务管理制度的内容

由于每个公司经营特点不同，财务管理制度的内容也会不同，主要包括管理职能、管理对象和管理环节三个方面，具体内容见表 2-1。

表 2-1　财务管理制度的内容

内容	具体阐述
管理职能	按照管理的职能分为内部决策制度、内部控制制度和内部结算制度等
管理对象	按照管理的对象分为资产管理制度、成本费用管理制度、收入利润管理制度、会计管理制度等
管理环节	按照管理的环节分为财务结算与计划制度、财务控制与分析制度、财务考核与评价制度等

虽然财务管理的制度比较系统，涉及的环节也比较多，但对于新成立的公司来说可以根据自身具体情况，选择适合本公司的财务管理制度，以下模板可供参考借鉴，如图 2-2 所示。

财务管理制度

第一章 总则

第一条 为加强财务管理，规范财务工作，促进公司经营业务的发展，提高公司经济效益，根据国家有关财务管理法规制度和公司章程有关规定，结合公司实际情况，特制定本制度。

第二条 公司会计核算遵循权责发生制原则。

第三条 财务管理的基本任务和方法如下：

（一）筹集资金和有效使用资金，监督资金正常运行，维护资金安全，努力提高公司经济效益。

（二）做好财务管理基础工作，建立健全财务管理制度，认真做好财务收支的计划、控制、核算、分析和考核工作。

（三）加强财务核算的管理，以提高会计资讯的及时性和准确性。

（四）监督公司财产的购建、保管和使用，配合综合管理部定期进行财产清查。

（五）按期编制各类会计报表和财务说明书，做好分析、考核工作。

第四条 财务管理是公司经营管理的一个重要方面，公司财务管理中心对财务管理工作负有组织、实施、检查的责任，财会人员要认真执行《中华人民共和国会计法》，坚决按财务制度办事，并严守公司秘密。

第二章 财务管理的基础工作

第五条 加强原始凭证管理，做到制度化、规范化。原始凭证是公司发生的每项经营活动不可缺少的书面证明，是会计记录的主要依据。

第六条 公司应根据审核无误的原始凭证编制记账凭证。记账凭证的内容必须具备：填制凭证的日期、凭证编号、经济业务摘要、会计科目、金额、所附原始凭证张数、填制凭证人员、复核人员、会计主管人员签名或盖章。收款和付款记账凭证还应当由出纳人员签名或盖章。

第七条 健全会计核算，按照国家统一会计制度的规定和会计业务的需要设置会计账簿。会计核算应以实际发生的经济业务为依据，按照规定的会计处理方法进行，保证会计指标的口径一致，相互可比和会计处理方法前后相一致。

第八条 做好会计审核工作，经办财会人员应认真审核每项业务的合法性、真实性、手续完整性和资料的准确性。编制会计凭证、报表时应经专人复核，重大事项应由财务负责人复核。

第九条 会计人员根据不同的账务内容采用定期对会计账簿凭证记录的有关数位与库存实物、货币资金、有价证券、往来单位或个人等进行相互核对，保证账证相符、账实相符、账表相符。

第十条 建立会计档案，包括对会计凭证、会计账簿、会计报表和其他会计资料都应建立档案，妥善保管。按《会计档案管理办法》的规定进行保管和销毁。

第十一条 会计人员因工作变动或离职，必须将本人所经管的会计工作全部移交给接替人员。会计人员办理交接手续，必须有监交人负责监交，交接人员及监交人员应分别在交接清单上签字后，移交人员方可调离或离职。

图 2-2　财务管理制度

2.1.2 会计管理制度的内容

会计岗位作为每个公司财务部的基本岗位，对公司的发展来说也具有重要作用。会计工作可以为公司重大决策提供有用的信息，会直接影响决策者对内外形势的判断，为了更规范有序地进行会计工作，公司需制定相关的会计管理制度。

会计管理制度是指各公司根据国家会计法律、法规的规定，结合本公司经营管理特点和要求制定的，旨在规范公司会计管理活动的规范性文件，主要包括图 2-3 所示的六个方面内容。

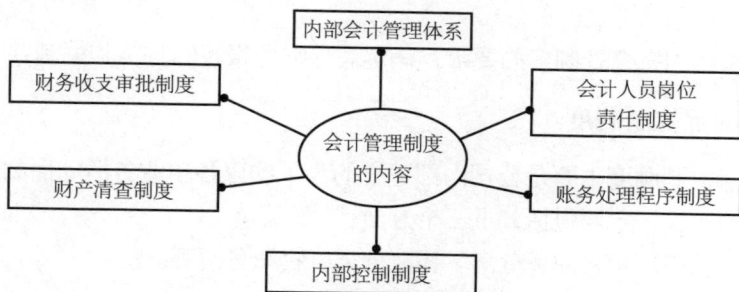

图 2-3 会计管理制度的六大内容

下面分别对以上六个方面的内容进行具体介绍。

1. 内部会计管理体系

内部会计管理体系主要是指一个公司的会计工作组织体系，其内容如下：

①明确公司领导人对会计工作的职责。

②明确总会计师对会计工作的职责。

③确定会计机构的设置及会计机构负责人的职责。

④明确会计机构与公司其他职能部门的关系。

⑤确定公司内部的会计核算组织形式。

2. 会计人员岗位责任制度

会计人员岗位责任制度是指管理公司会计人员的一项重要制度，其内容如下：

①会计人员工作岗位的设置，各个会计工作岗位的职责等。

②会计工作岗位的人员和具体分工。

③对会计工作岗位的考核办法等。

3. 账务处理程序制度

账务处理程序制度是指对会计凭证、会计账簿、会计报表等会计核算流程的规定，其主要内容如下：

①根据国家会计制度的规定，确定公司会计科目的设置和适用范围。

②根据相关规定和公司会计核算的要求，确定公司的会计凭证格式、填制要求和保管要求等。

③根据法律法规的规定，确定本公司总账、明细账、日记账等账簿的登记、对账和结算等。

④根据国家会计制度的要求，确定对外财务报表的种类和编制要求等。

4. 内部控制制度

内部控制制度主要是公司内部建立的为了约束各项业务活动而制定的相互制约的措施，主要包括如下三个方面：

①公司内部相关职务分离、钱账分离、物账分离等。

②对出纳等岗位的职责和限制性规定。

③有关部门或领导对限制性岗位的检查办法等。

5. 财产清查制度

财产清查制度是指定期对公司财产物资进行清点、盘查，以保证账实相符，主要包括以下内容：

①财产清查的范围。

②财产清查的程序、方法和要求等。

③财产清查的报批手续。

④对财产管理人员的奖惩制度等。

6. 财务收支审批制度

财务收支审批制度是指确认财务收支审批范围、审批人员、审批权限、审批程序及其责任的制度，主要包括以下三个方面：

①确定财务收支审批人员和审批权限。

②确定财务收支审批程序。

③明确对违反规定的责任人的处理要求等。

2.1.3 如何完善公司会计制度

公司可以从自身情况出发，根据以下六个方面的内容来制定和完善相关会计管理制度：

1. 明确领导责任

公司在会计工作中要明确公司领导人对会计工作的领导责任，包括公司内部会计机构的设置、会计机构负责人和主管人员的职责。

会计部门与公司其他部门要科学合理分工，以便对公司的经营管理活动进行有效监督和考核。

2. 建立牵制制度

建立不相容职务的牵制制度，对公司会计部门、岗位职务、钱财和账务进行分离，对出纳等重要岗位的职责进行限制性规定。

3. 注重授权批准制度规范

公司内部的各级管理层必须在授权范围内行使相应的职权，经办人员也必须在授权范围内办理经济业务。

4. 提高会计人员综合素质

为了加强对会计人员的管理，规范会计人员的行为，公司可以制定相关的会计人员管理办法。

我国会计人员从事会计工作时，应当符合以下要求：

①遵守《中华人民共和国会计法》（以下简称《会计法》）和国家统一的会计制度等法律法规。

②具备良好的职业道德。

③按照国家有关规定参加继续教育。

④具备从事会计工作所需要的专业能力。

此外，公司还可以加强会计人员业务素质建设，注重对会计人员的继续教育和业务技能培训，提高会计人员的综合素质。

5. 定期进行财产清查

公司可以建立财产清查制度，定期或不定期对相关固定资产进行清查盘点，以确保会计核算资料的真实性。

对于固定资产的清查，一般采用的是实地盘点法，实地盘点法是指对材料物资采用逐一清点数量的方法。实地盘点法的使用范围较广，大多数材料物资都可以采用这种方法。

对于固定资产来说，公司应至少每年年末对固定资产进行清查盘点，以确保固定资产核算的真实性，充分挖掘公司现存固定资产的潜力。

在清查过程中，如果实查数比账面数更多或更少，则应填制固定资产盘盈或盘亏报告表并及时查明原因，按照规定程序报批处理。

6. 规范会计档案管理

会计档案是指会计凭证、会计账簿和财务报告等会计核算的相关资料，是记录和反映企事业单位经济业务发生情况的重要史料和证据。

《会计档案管理办法》规定："当年形成的会计档案，在会计年度终了后，可由单位会计管理机构临时保管一年，再移交单位档案管理机构保管。因工作需要确需推迟移交的，应当经单位档案管理机构同意。"

根据上述规定，会计档案的保管要求主要有以下三点：

◆ **会计档案的移交手续**

公司财会部门在进行会计档案移交时，应按如下手续进行：

①填写交接清单。

②在账簿相关日期栏填写移交日期。

③交接人员按移交清册和交接清单校查无误后答复。

◆ **会计档案的保管期限**

根据会计档案资料的不同，其保管年限也不同，见表2-2。

表 2-2　会计档案的保管期限

保管年限	会计档案
10 年	月度、季度、半年度财务会计报告等
30 年	会计凭证、会计账簿、会计档案移交清册等
永久	年度财务会计报告、会计档案保管清册和销毁清册、会计档案鉴定意见书

◆ **会计档案的销毁要求**

会计档案保管期届满需要销毁时，由单位档案机构和会计机构共同提出销毁意见，由财务会计部门严格审查，编造会计档案销毁清册，并遵循以下规定销毁：

①企事业单位和非国有企业会计档案要销毁时，要报本单位领导批准后

才能销毁。

②会计档案保管期届满，但其中有未结算的债权债务的原始凭证时，应单独保存，另行立卷，由单位档案管理部门保管到结清债权债务时为止。另外，建设单位在建设期间的会计档案不得销毁。

③会计档案销毁前，应按会计档案销毁清册所列的项目一一清查核对。

④销毁时应由单位档案管理部门和财会部门共同派出人员监督销毁。

⑤会计档案销毁后由经办人在"销毁清册"上签章，注明"已销毁"字样和销毁日期，同时将监督销毁情况写出书面报告一式两份，一份报本单位领导，一份归入档案备查。

2.1.4　发票管理制度要健全

发票作为公司会计核算的原始凭证，是进行会计核算工作的基础，对发票进行管理也是税收管理的重要环节。公司健全发票管理制度，有利于规范公司会计核算管理，提高会计信息的质量。新公司可以参照以下措施和发票管理制度模板来制定相关制度：

1. 如何做好发票管理

◆ 不能以"白条"入账

"白条"入账是指在没有取得正规原始单据的情况下，以不合法的便条、单据来充当原始凭证的行为除某些特殊情况外，如在对外经营活动中确实无法取得发票，根据真实性原则，可以以相关凭证入账，但一般情况是不允许的，在财务活动中是违法行为。

◆ 全面审核发票的内容

全面仔细审核发票的名称、类型、填制日期及编号、经济业务内容、数量、金额等是否真实，是否有填制单位名称及经办人的签名、盖章等。

◆ 注意辨别发票的真伪

可能存在以下伪发票情况：

①经济业务根本就没有发生，但是假借所取得的发票来报销。

②经济业务真实发生，但发票的内容被修改。

③发票遗失后找一张其他类型的发票来代替等。

公司可以定期或不定期在税务网站或通过当地纳税服务中心等税务机关

查询发票的真伪，以减少或杜绝假发票。

◆ 注意发票号码的次序

如发票编号是否"紧密相连"，如果连续出现很多张连号的发票，也很有可能不符合经济业务真实性。

2. 发票管理制度模板

每个公司的发票管理制度也是不一样的，新公司可以参考以下模板并结合本公司经营情况来制定发票管理制度，如图2-4所示。

财务发票管理制度

一、为加强票据管理，规范票据业务，明确管理责任，特制定本制度。

二、财务票据包括银行票据和非银行票据。银行票据包括支票、贷记凭证等；非银行票据包括收据、各种税票、社保票据等。

三、财务票据的领购、保管、核销业务由专人分工负责。出纳担任银行票据的保管业务，由财务总监指定的会计人员负责非银行票据的保管。非银行票据在领用后由领用人员保管，领用的收据由出纳保管。

四、财务票据应存放于保险箱内，由专人妥善保管。财务印章与银行票据应由财务总监与出纳分别保管。非银行票据的保管使用两分开原则，不得由一人兼任。

五、办理有关票据业务必须由财务总监审核，出纳员根据审核无误的原始凭证收取、支付银行票据，收取款项时应开具收据。

六、银行票据、收据必须顺号签发，作废时应加盖专用的作废章。作废票据不得缺少联页，已开出的作废票据，由票据开具人员负责收回。

七、票据开具时应该注意单位名称（全称）、金额大小写规范、项目名称准确，单据以正楷规范填写，字迹清晰；单据在填写过程中出现错误，不得撕毁单据，必须保持单据完整，并加盖作废章。

八、出纳收到银行票据时，应认真审核，及时入账，对不合规票据及时向财务总监反映，由财务总监确定解决方案。

九、已缴纳的税票、社保凭证等非银行票据应由专人及时取回，妥善保管，做到以后有可查依据。

十、票据管理人员应建立备查登记簿。发生有关票据行为时，应及时登记备查簿。

十一、财务人员在发现票据遗失、票据出错和票据不实等情况时，应尽快采取相应的措施，对重大事故财务总监应向公司总经理汇报。

十二、票据保管人员调动工作或离职时，应编制票据移交明细表，在财务总监的监督下逐笔确认移交，确认无误后，由监督人和后任财务人员在交接明细表上签名确认。

十三、本规定适用于所有财务人员，如有违反，究其相关责任。

图2-4　发票管理制度模板

2.2　新公司如何开始建账

新成立公司和原有的公司在每一年度开始时，会计人员都应该根据工作的需要设置相关的账簿，即平常所说的"建账"。

2.2.1　遵守法律法规建立账簿

所谓建账的"账"主要是指会计账册，即会计账簿。会计账册是会计核算的载体，建账是公司进行会计工作的基础环节。为此，我国有关法律、法规对建账作出了明确的规定，《会计法》规定："各单位必须依法设置会计账簿，并保证其真实、完整。"

依法建账是国家法律法规的基本要求，除此以外还有以下作用：

1. 依法建账是加强公司经营管理的需要

公司可以借助会计账册进行会计信息的收集、整理和加工等，而这些会计信息又可以系统、综合地反映公司的财务状况和经营成果。

根据会计账册提供的信息，可以看出公司的财务状况和存在的问题，便于经营管理者了解和掌握公司的经营情况，及时采取必要措施。所以，建账也是公司自身发展的需要。

2. 依法建账是公司进行税务筹划的需要

公司在申请增值税一般纳税人资格时，其基本要求是需要有规范的会计核算程序，要能对其税额进行准确地核算，进行纳税申报等，否则很难取得一般纳税人资格。所以，纳税人为了取得一般纳税人资格，也需要依法建账。

除了依法建账外，在建账时还需要遵循以下三项原则：

①全面系统原则：是指账簿的设置要能全面、系统地反映公司的经济活动，能为公司经营管理提供所需的会计核算资料，同时也要符合本公司经济业务的特点。

②组织控制原则：是指设置的账簿要有利于建账人员的分工，有利于明确岗位责任，便于账实核对，保证公司各项财产物资能够被高效利用。

③科学合理原则：是指建账要根据不同账簿的作用和特点来设置，使账簿结构科学合理，账簿格式也应简洁实用，以提高会计信息利用效率。

2.2.2　建账前需做好准备工作

新公司在正式建账前还需要做一些准备工作，主要包括以下三方面：

1. 选择合适的记账方式

公司的记账方式主要包括手工账和会计电算化两种，但是二者并不是完全对立的，二者的联系与区别见表 2-3。

表 2-3　手工账与会计电算化的联系和区别

内　容	具体阐述
联　系	①最终目标相同。 　无论是手工账还是会计电算化，其最终目标都是为公司经济决策提供会计信息，提高经济效益。 ②都要遵守会计法规制度。 　手工账和会计电算化都要依照法律法规建账。 ③都要保存好会计档案。 　会计档案是会计工作中重要的历史资料，必须按规定妥善保管。会计电算化虽然使得会计档案的载体发生了变化，但是会计信息资料也要和手工账一样依照相关规定保存。 ④都要编制会计报表。 　会计报表是公司财务状况与经营成果的反映。会计电算化也应和手工账一样，编制相应的报表作为公司经济管理的依据保存。 ⑤基于同样的会计理论与会计方法。 　会计理论是会计学科的研究成果，会计方法是对会计工作的总结，会计电算化也要遵循基本的会计理论与方法
区　别	①核算工具不同。 　手工账主要使用的工具是纸张、笔、电子计算器等；会计电算化主要使用的工具是计算机。 ②信息载体不同。 　手工账主要以纸张为载体，而会计电算化的信息载体除了必要的原始凭证外，都是以电子数据的形式存储在磁性介质、光盘或系统里。 ③记账规则不完全相同。 　手工账采用的是平行登记法登记总账与明细账，填制凭证时可能会有数量或金额计算上的差错等。但在会计电算化系统中一般不会存在记账和过账上的差错，输入的数据都依据相关的凭证资料进行自动检验核对。 ④会计组织和人员不同。 　对于手工账来说，会计部门一般设置专人对专门的业务进行核算，如工资、材料、固定资产、成本等岗位；而会计电算化中，会计工作岗位的划分主要包括数据录入、审核、维护等岗位。做手工账时，一般只需要会计人员；会计电算化中需要的人员还包括计算机软件、硬件操作人员等

2. 对已有资产进行盘点整合

公司财务人员在建账前须对公司已经拥有的各项资产进行详细的盘点并做好记录，如现金、固定资产、办公用品及原材料等。此外，对于当前的债务情况及股东的投入资金也要详细确认。

3. 准备相关材料

公司在建账前需要准备的相关材料见表 2-4。

表 2-4　公司建账前需要准备的材料

相关材料	具体阐述
会计账本	①总账，一般采用"订本式账簿"。 ②明细账，主要有三栏式、数量金额式和多栏式。 ③日记账，主要有现金日记账和银行存款日记账。 ④备查账，根据公司需要来设置
会计凭证	①记账凭证，如收款凭证、付款凭证、转账凭证。 ②报销凭证，如借款单、费用报销单、收据等
会计报表	常用的报表，如资产负债表、利润表、现金流量表等
其他材料	如记账凭证汇总表、记账凭证封面、凭证装订线、装订工具、科目章、笔等工具

2.2.3　新公司应设置哪些账簿

对于新成立的公司来说，由于其经济业务活动还比较简单，涉及的会计业务也不多，一般设置以下四种账目就可以了：

1. 现金日记账

一般公司只设一本现金日记账，用来记录公司现金的收支情况。

2. 银行存款日记账

一般根据公司开设的银行账户来设置，每个银行账号设立一本账。如公司只开设了基本账户，则只需要设置一本银行存款日记账即可。

3. 总分类账

一般也只设一本总分类账，外形采用订本式账。用来登记公司全部的经济业务，进行总分类核算，提供总括核算资料。总分类账是公司编制会计报表的主要依据，每个公司都要设置。

4. 明细分类账

明细分类账一般采用活页形式，主要包括如下四类：

①存货类明细账，一般采用数量金额式账页进行登记。

②收入、费用、成本类的明细账，一般采用多栏式账页进行登记。

③应交增值税明细账，一般采用多栏式账页。

④其余的明细账基本上都采用三栏式账页。

公司可以根据业务量的多少来准备这四种账页，业务简单且少的公司可以只设一本明细账。

2.2.4　新公司建账全部流程

在了解了建账前的一些准备工作之后，公司就可以正式开展建账工作了，下面就来详细介绍新公司建账的流程，如图 2-5 所示。

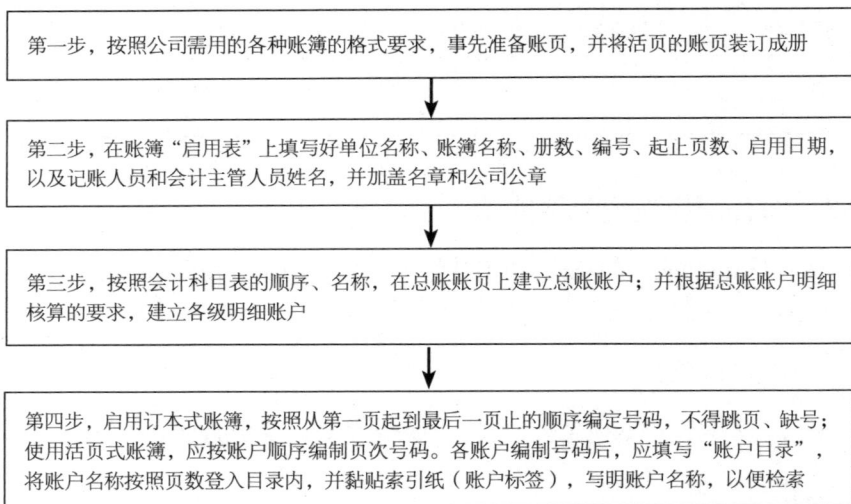

第一步，按照公司需用的各种账簿的格式要求，事先准备账页，并将活页的账页装订成册

第二步，在账簿"启用表"上填写好单位名称、账簿名称、册数、编号、起止页数、启用日期，以及记账人员和会计主管人员姓名，并加盖名章和公司公章

第三步，按照会计科目表的顺序、名称，在总账账页上建立总账账户；并根据总账账户明细核算的要求，建立各级明细账户

第四步，启用订本式账簿，按照从第一页起到最后一页止的顺序编定号码，不得跳页、缺号；使用活页式账簿，应按账户顺序编制页次号码。各账户编制号码后，应填写"账户目录"，将账户名称按照页数登入目录内，并黏贴索引纸（账户标签），写明账户名称，以便检索

图 2-5　新公司建账的流程

除了要了解建账的流程外，建账时还应注意以下一些问题：

建账要与公司规模相适应。公司规模与业务量是成正比的，规模越大的公司，业务量也越大，分工也比较复杂，需要的会计账簿也更多；规模越小，业务量也较少，就没有必要设置较多的账簿。

根据公司管理需要建立。建立账簿是为了给公司财务管理提供有用的会计信息，在建账时应以满足管理需要为前提，避免重复设账、记账，浪费人力物力等资源。

建账要谨慎。不建账外账，会计人员应以诚信为本。不做假账，不设账外账，是每一个会计人员应具备的职业素养。

2.3　新公司是否采用代理记账

公司除可以选择自己设置会计部门及会计人员来完成记账工作外，也可以选择代理记账的方式。

2.3.1　了解代理记账业务

代理记账是指将本公司的会计核算、记账、报税等会计工作全部委托给专门的记账公司完成，本公司只设立出纳人员，负责日常现金收支业务和财产保管等工作。

为了方便那些不具备单独设置会计机构或配备会计人员条件的公司记账，根据政策法规的规定，公司可以委托有关会计机构进行代理记账。代理记账业务主要有表 2-5 所示的五个特征。

表 2-5　代理记账业务的特征

特　征	具体阐述
代理记账的主体	是经批准设立的从事会计代理记账业务的中介机构，包括会计师事务所、代理记账公司及其他具有代理记账资格的机构
代理记账的对象	主要是不具备设置会计机构、配备会计人员进行独立核算能力的单位，如小型经济组织、个体工商户等
代理记账的内容	主要是替独立核算单位办理记账、报账等业务
代理记账的性质	是一种会计服务活动，是会计工作社会化、专业化的体现
代理记账在法律上的表现	是通过签订委托合同的方式来明确和规范委托方及受托方的权利义务关系

虽然代理记账业务的主体不止一个，但是提供的业务范围一般包括会计

业务、税务顾问、税务筹划三个方面，具体介绍如下：

1. 会计业务

代理机构一般提供的会计业务主要包括如下四项：

①进行建账工作。

②做账，出具财务报表。

③编制和整理会计凭证。

④每月进行纳税申报，年度所得税汇算清缴等。

2. 税务顾问

①提供日常财税知识咨询，包括电话咨询、网上咨询等。

②指导或协助公司办理日常涉税事项。

③为公司进行财税知识培训等。

3. 税务筹划

①为公司进行税务审阅，揭示公司的税务风险。

②为公司确定、变更经营方针和战略，提供有关税务政策改进建议。

③帮助公司贯彻落实税收筹划方案。

2.3.2 新公司是否需要代理记账

新设公司是否选择"代理记账"主要取决于该公司是否具备配备专门会计人员的条件，由公司根据自身会计业务的需要自主决定。一般来说，公司是否配备专门的会计人员，主要影响因素有以下三点：

①公司规模的大小。

②公司经济业务和财务收支的繁简程度。

③公司经营管理的要求等。

公司规模大、经济业务多、财务收支量大且经营管理要求高，一般应单独设置会计机构和专门的会计人员，以便更好地组织本单位各项经济活动和会计工作，以保证公司会计信息的质量。

因此，代理记账的委托单位一般都是小型的经济组织和个体工商户。对于小型经济组织，目前并没有明确的判断标准，一般可以根据注册资本、营业收入、从业人员数量等情况进行综合判断。

而个体工商户是指在法律允许的范围内，依法核准登记，从事工商经营活动的自然人或者家庭。个人申请个体经营的，应当是 16 周岁以上有劳动能力的自然人；家庭申请个体经营的，作为户主的个人应该有经营能力，对其他家庭成员则没有相关规定。

对于小公司和个体工商户来说，选择代理记账业务既有好处也有一定的弊端。

1. 好处

代理记账的好处主要有以下四点：

①可以节省一些经营成本，相对于公司产生的财务费用来说，代理记账业务的成本更低。

②可以享受专业团队的服务，一般的代理记账机构都具有丰富的财税经验，可以帮助公司更专业地进行日常账务的处理，也不用担心突发情况无法应对。

③公司自身记账会涉及很多环节，如需要亲自填制、整理、装订各类凭证等；需要时不时亲自到市场监督管理局、税务部门等办理业务，且经常需要来回跑动，而代理记账会比较省心和节约时间。

④代理记账业务可以长期稳定，可避免公司财务人员频繁变动。

2. 弊端

代理记账的弊端也比较突出，具体有以下五点：

①许多代理记账机构不具备相关资格。

②在代理记账法律关系中，受托人的法律地位问题争议比较大。

③代理记账机构的数量虽多，但整体规模比较小，代理的业务范围较小，真正能提供全方位会计服务的机构比较少。

④很多代理记账机构在实际执行代理记账业务时，也存在操作不规范、内部管理制度不健全的现象。

⑤代理记账业务收费标准混乱，各家代理记账机构收费标准悬殊较大，部分代理记账机构自身的经营收入也核算不规范。

公司是否设置会计人员，最终是由公司自行决定的，公司可以选择设置会计机构和人员，也可以选择代理记账业务，但无论哪种，都要依法建账。

2.3.3 新公司代理记账需注意的事项

由于代理记账市场的不完善，各代理机构也参差不齐，因此新公司在选择代理记账机构时也需要注意一些问题，下面就来进行详细介绍。

公司在选择代理记账机构时，首先要判断代理机构是否有代理记账的资格，申请代理记账资格的机构应当同时具备以下条件：

①为依法设立的企业；

②专职从业人员不少于三名；

③主管代理记账业务的负责人具有会计师以上专业技术职务资格或者从事会计工作不少于三年，且为专职从业人员；

④有健全的代理记账业务内部规范。

代理记账机构从业人员应当具有会计类专业基础知识和业务技能，能够独立处理基本会计业务，并由代理记账机构自主评价认定。

第①条所称专职从业人员是指仅在一个代理记账机构从事代理记账业务的人员。

除要看是否满足基本的代理记账资格之外，在办理代理记账业务时还需注意以下事项：

签订正式的委托代理合同，对双方的权利、义务进行明确的规定，在实际工作中遇到问题时，好分清责任。

调查代理记账机构选择的记账软件是否有财政局的备案，财务软件需要到财政局备案才可以使用。

确认代理记账机构在接受委托时，是否有规范的手续，以免交接的会计资料遗失或毁损时无法查找。

选择正规专业的代理记账机构，了解该机构是否存在违规违法记录。

第3章

熟悉财务状况：三大基础报表怎么看

财务报表是公司财务成果的直接体现，不同的财务报表可以反映不同的财务信息。学会看财务报表，有利于掌握公司的财务状况，更好地作出决策。在了解财务报表的基础上，结合相关财务指标，可以对公司财务状况做更深层次的解读。

3.1　新公司管理者要了解财务报表

财务报表是指在日常会计核算资料的基础上，按照规定的格式、内容和方法定期编制的，综合反映公司某一特定日期财务状况和特定时期经营成果、现金流量状况的一种书面文件。

3.1.1　财务报表概述

财务报表是公司经营状况的直接体现，可以帮助管理者更好地掌握公司的财务状况，其根据不同的划分方式，又可以分为表 3-1 所示的四类。

对于公司来说，一套完整的财务报表应该包含如下五项内容：

资产负债表。资产负债表主要反映公司资产、负债及所有者权益的期末状况。

利润表。利润表主要反映公司本期收入、费用、利得和损失的金额。

现金流量表。现金流量表主要反映公司现金流量的来龙去脉，包括经营活动、投资活动和筹资活动三部分。

所有者权益变动表。所有者权益变动表主要反映公司所有者权益（股东权益）总量的增减变动及结构变动的情况。

附注。附注一般包括以下七项内容：

①公司的基本情况。

②财务报表编制基础。

③遵循企业会计准则的声明。

④重要会计政策和会计估计。

⑤会计政策和会计估计变更及差错更正的说明。

⑥重要报表项目的说明。

⑦其他需要说明的重要事项，如或有事项、关联方关系及其交易等。

表 3-1 财务报表的分类

类 别	具体阐述
按服务对象	按照服务对象可以分为对外报表和对内报表。 ①对外报表是公司必须定期编制并向上级主管部门、投资者、财税部门等报送或按规定向社会公布的财务报表。 ②对内报表是公司根据内部经营管理需要编制的，供内部管理人员使用的报表
按所提供会计信息的重要性	按所提供会计信息的重要性，可以分为主表和附表。 ①主表即主要的财务报表，是指所提供的会计信息比较全面、完整，能基本满足各种报表使用者的不同要求的财务报表，主要有资产负债表、利润表和现金流量表等。 ②附表即从属报表，是指对主表中不能或难以详细反映的一些重要信息所做补充说明的报表，主要有利润分配表、应交增值税明细表、资产减值准备明细表，与主表之间都是相互联系的
按编制和报送的时间	按编制和报送的时间可分为中期财务报表和年度财务报表。 ①中期财务报表主要包括月份、季度、半年期财务报表。 ②年度财务报表是全面反映公司整个会计年度的经营成果、现金流量及年末财务状况的财务报表
按编报的会计主体	按编报的会计主体不同可分为个别报表和合并报表。 ①个别报表指以单个的独立法人作为会计主体的财务报表。 ②合并报表以企业集团为会计主体，以母子公司的个别会计报表为基础，由母公司编制的会计报表

3.1.2 财务报表有哪些作用

财务报表提供的会计信息对于社会和公司来说都具有重要作用，可以从宏观和微观上来看。

从宏观上来看，对于国民经济发展主要有以下作用和意义：

1. 有利于促进国民经济稳定发展

通过对各公司提供的财务报表资料进行汇总和分析，可以了解和掌握各行业、各地区的经济发展情况，利于国家进行宏观调控，优化资源配置，促进国民经济稳定持续发展。

2. 便于工商税务部门检查

财务报表有利于财政、税务、市场监督管理、审计等部门对公司经营管理进行监督。通过财务报表的内容可以检查、监督各公司在开展经济业务活动时是否遵循国家的各项法律、法规，有无偷税漏税行为等。

从微观上来看，编制财务报表对公司来说也具有以下作用和意义：

1. 评价管理人员的经营业绩

财务报表全面系统地揭示了公司一定时期的财务状况、经营成果和现金流量，有利于经营管理人员了解公司各项任务指标的完成情况，评价管理人员的经营业绩，以便及时发现问题，提高经营管理水平。

2. 为利益相关者提供决策依据

财务报表有利于投资者、债权人和其他各利益相关者掌握公司的财务状况、经营成果和现金流量情况，进一步分析公司的盈利能力、偿债能力、发展前景等，为他们投资决策提供依据。

3.2　看公司财务现状——资产负债表

资产负债表也叫财务状况表，是表示公司在一定日期的财务状况（资产、负债等）的主要会计报表之一。通过资产负债表，可以让报表使用者在最短的时间内了解公司的经营现状。

3.2.1　资产负债表的作用

我们已经了解了资产负债表可以让管理者快速了解公司的经营状况，但是资产负债表具体有哪些作用呢？

1. 有利于分析公司生产经营的稳定性

资产代表公司的经济资源，是公司经营的基础，资产总额的多少在一定程度上可以说明公司经营结果的好坏。

资产负债表可以反映公司资产的构成及其状况，公司资产结构的分布也可以反映其生产经营过程的特点，有利于报表使用者对公司生产经营的稳定性进行分析。如从流动资产可以看出公司在银行的存款及资产变现能力，掌握资产的流动性等。

2. 可以反映公司某一日期的负债总额和结构

资产负债表可以反映公司某一日期的负债总额及其结构，而负债的比重又可以反映公司的财务安全程度，即公司偿还负债的紧迫性和偿债压力大小。如根据资产、负债、所有者权益之间的关系，公司负债比重高，相应的所有者权益就比较就低，说明公司资产主要来源是债务，真正属于公司自己的资产并不多。

3. 有利于分析公司生产经营抗风险的能力

资产负债表可以反映公司所有者权益的情况，了解公司现有投资者在公司投资总额中所占的份额。可以反映投资者对公司的初始投入、公司的资本结构和财务实力，有助于报表使用者分析、预测公司生产经营安全程度和抗风险的能力。

4. 可以评价和预测公司的偿债能力

公司偿还债务的能力可分为短期偿债能力和长期偿债能力。根据资产负债表有关财务指标可以看出公司短期偿债能力的大小，流动比率越高，说明公司短期偿还债务的能力越强。如公司应收款项的流动性比存货项目强，因为应收款项通常能在更短的时间内转换成现金，而存货转换成现金的速度比较慢。

根据资产负债表中公司现有资产和负债的多少，也可以预测公司长期偿债能力的强弱。资产负债率越小，长期偿债能力越强；反之，公司的长期偿债能力较弱。

一般情况下，公司的资产负债率应当控制在合适的比例，每个行业可能有所不同。

5. 可以评价和预测公司的财务弹性

财务弹性是指公司适应经济环境变化和利用投资机会的能力，具体指公司动用闲置资金和剩余负债的能力。

资产负债表本身并不能直接提供有关公司财务弹性的信息，但是它所列示的资产分布的信息，以及对资产和负债流动性、资本结构等信息的分析，再结合利润表、附注等信息，可以间接地评价和预测公司的财务弹性，并可以增强公司在市场经济中的适应能力。

6. 可以评价和预测公司的经营绩效

公司的经营绩效主要表现在获利能力上，而获利能力可以用资产收益率、成本收益率等相对值指标衡量，将资产负债表和利润表信息结合起来，可据以评价和预测公司的经营绩效。

有助于管理部门作出合理的经营决策，也有利于投资者对资产负债进行动态比较，进一步分析公司经营管理水平和发展前景。

7. 有助于评价公司的盈利能力

结合资产收益率可以评价公司的盈利能力。资产收益率越高，说明公司盈利能力越强；反之，盈利能力越弱。

3.2.2　初识资产负债表

在编制资产负债表之前需要了解资产负债表的编制原理、填列内容，本节就来进行详细介绍。

资产负债表是以会计恒等式为依据编制的一张平衡报表，资产总计应与负债及所有者权益总计相等，即资产 = 负债 + 所有者权益。

同时，通过在资产负债表上设立"期初数"和"期末数"栏，来反映公司财务状况的变动情况。

资产负债表主要是根据资产、负债、所有者权益之间的勾稽关系来分类反映的，再按照一定的分类标准和顺序，以及公司一定日期的资产、负债和所有者权益的各个具体项目来进行填列的，具体介绍如下：

1. 资产

资产一般按照流动性可以分为流动资产和非流动资产，在资产负债表中列示的流动资产和非流动资产主要包括如下一些：

①流动资产主要包括货币资金、交易性金融资产、应收票据、应收账款、预付款项、应收利息、应收股利、其他应收款、存货和一年内到期的非流动资产等。

②非流动资产主要包括长期股权投资、固定资产、在建工程、工程物资、固定资产清理、无形资产、开发支出、长期待摊费用及其他非流动资产等。

2. 负债

负债一般按其到期日的远近排列，到期日近的排在前，到期日远的排在后。根据其流动性划分为流动负债和非流动负债，在资产负债表中列示的流动负债和非流动负债主要包括如下一些：

①流动负债主要包括短期借款、应付票据、应付账款、预收款项、应付职工薪酬、应交税费、应付利息、应付股利、其他应付款、一年内到期的非流动负债等。

②非流动负债主要包括长期借款、应付债券和其他非流动负债等。

3. 所有者权益

所有者权益主要包括实收资本、资本公积、盈余公积和未分配利润四大项目。一般按其永久程度的高低进行排列，永久程度高的排在前，永久程度低的排在后，具体介绍如下：

①实收资本：是指公司投资者按照公司章程或合同的约定，实际投入公司的资本。

②资本公积：是指公司收到投资者的超出其在公司注册资本（或股本）中所占份额的投资，包括资本溢价（或股本溢价）和直接计入所有者权益的利得和损失等。

③盈余公积：是指公司按照规定从净利润中提取的各种积累资金，包括法定盈余公积和任意盈余公积。

④未分配利润：是指公司实现的净利润在经过弥补亏损、提取盈余公积和向投资者分配利润后留存在公司的、历年结存的利润。

3.2.3　常见资产负债表模板

资产负债表一般分为表首、正表两部分。其中，表首概括地说明了报表名称、编制单位、编制日期、报表编号、货币名称、计量单位等；正表是资产负债表的主体，列示了用来说明公司财务状况的各个具体项目。

资产负债表正表的格式一般又分为报告式和账户式两种。

报告式资产负债表是上下结构，上半部分列示资产，下半部分列示负债和所有者权益，如图 3-1 所示。

账户式资产负债表是左右结构，左边列示资产，右边列示负债和所有者权益，其效果如图 3-2 所示。

资产负债表

编制单位：　　　　　　年　月　日　　　　　单位：元

资产	
流动资产	××××
长期股权投资	××××
固定资产	××××
无形资产	××××
……	
其他资产	××××
资产合计	××××
减：负债	
流动负债	××××
长期负债	××××
……	
其他负债	××××
负债合计	××××
所有者权益	
实收资本	××××
资本公积	××××
盈余公积	××××
未分配利润	××××
所有者权益合计	××××

图 3-1　报告式资产负债表

资产负债表

编制单位：　　　　　　　　　　　　　年　月　日　　　　　　　　　　　　单位：元

资产	期末余额	年初余额	负债和所有者权益（或股东权益）	期末余额	年初余额
流动资产：			流动负债：		
货币资金			短期借款		
短期投资			应付票据		
应收票据			应付账款		
应收账款			预收账款		
预付账款			应付职工薪酬		
应收股利			应交税费		
应收利息			应付利息		
其他应收款			应付利润		
存货			其他应付款		
其中：原材料			其他流动负债		
在产品			流动负债合计		
库存商品			非流动负债：		
周转材料			长期借款		
其他流动资产			长期应付款		
流动资产合计			递延收益		
非流动资产：			其他非流动负债		
长期债券投资			非流动负债合计		
长期股权投资			负债合计		
固定资产					
减：累计折旧					
固定资产账面价值					
在建工程					
工程物资					
固定资产清理					
生产性生物资产			所有者权益（或股东权益）：		
无形资产			实收资本（或股本）		
开发支出			资本公积		
长期待摊费用			盈余公积		
其他非流动资产			未分配利润		
非流动资产合计			所有者权益（或股东权益）合计		
资产总计			负债和所有者权益（或股东权益）总计		

图 3-2　账户式资产负债表

虽然资产负债表有以上两种格式，但是根据我国会计准则的规定，资产负债表应采用账户式。

不管采取何种格式，资产各项目的合计都要等于负债和所有者权益各项目的合计。

3.2.4 资产负债表编制方法

在前述已经认识了常用资产负债表模板的基础上，还需要更进一步了解资产负债表的编制方法。资产负债表各项目数据，主要是通过图3-3所示的五种方式来编制的。

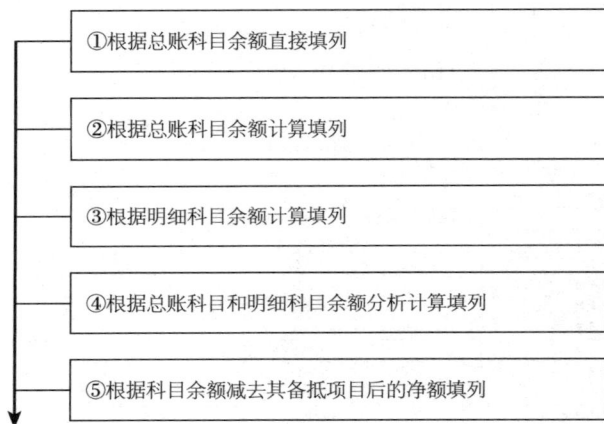

①根据总账科目余额直接填列

②根据总账科目余额计算填列

③根据明细科目余额计算填列

④根据总账科目和明细科目余额分析计算填列

⑤根据科目余额减去其备抵项目后的净额填列

图 3-3 资产负债表的编制方法

1. 根据总账科目余额直接填列

资产负债表大部分项目都是根据有关总账账户的余额直接填列的，如应付票据、应付职工薪酬、其他应付款、短期借款、应交税费、应付利息、应付股利、交易性金融资产、交易性金融负债、工程物资、固定资产清理、实收资本（或股本）、资本公积、盈余公积、库存股等科目。

2. 根据总账科目余额计算填列

如"货币资金"项目，是根据库存现金、银行存款、其他货币资金这三个科目的期末余额合计数计算填列的。

3. 根据明细科目余额计算填列

如"应收账款"项目，是根据应收账款、预收账款两个科目所属明细科目的期末借方余额扣除计提的减值准备后计算填列的。

如"应付账款"项目，是根据应付账款、预付账款科目所属明细科目的期末贷方余额计算填列的。

4. 根据总账科目和明细科目余额分析计算填列

如"长期借款"项目，是根据长期借款总账科目期末余额，扣除长期借款科目所属明细科目中反映的将于一年内到期的长期借款部分，分析计算填列的。

如"长期待摊费用"项目，是根据"长期待摊费用"科目期末余额减去将于一年内（含一年）摊销的数额后的金额填列的。

5. 根据科目余额减去其备抵项目后的净额填列

如"存货"项目，是根据存货科目的期末余额，减去存货跌价准备这一备抵科目余额后的净额填列的。

如"无形资产"项目，是根据无形资产科目的期末余额，减去无形资产减值准备与累计摊销这两个备抵科目余额后的净额填列的。

资产负债表"期初数"栏内各项数字，是根据上年末资产负债表中"期末数"栏内各项数字填列的；"期末数"栏内各项数字则是根据会计期末各总账账户及所属明细账户的余额填列的。

如果当年资产负债表内各个项目的名称和内容与上年度不一致，则按编报当年的口径对上年年末资产负债表内各项目的名称和内容进行调整，填入本表"年初数"栏内。

3.2.5　新公司如何编制资产负债表

对于新公司来说，在成立初期的年度，各项经济业务活动可能还未完全展开，经济业务内容也比较简单，所涉及的资产负债表内的各项内容可能也不全，以下就介绍新公司如何编制资产负债表。

公司可以根据科目余额表来填列资产负债表，科目余额表是一种会计表格，主要列示各个科目的余额，包括科目名称、借方余额和贷方余额三项。

编制科目余额表主要是为了方便编制财务报表，其模板大致见表 3-2。

表 3-2　科目余额表

科目名称	借方余额	科目名称	贷方余额
库存现金		短期借款	
银行存款		应付票据	
其他货币资金		应付账款	
交易性金融资产		其他应付款	
应收票据		应付职工薪酬	
应收账款		应交税费	
其他应收款		应付利息	
材料采购		应付股利	
原材料		一年内到期的长期负债	
周转材料		长期借款	
库存商品		股本	
其他流动资产		资本公积	
长期股权投资		盈余公积	
固定资产		未分配利润	
累计折旧			
工程物资			
在建工程			
无形资产			
其他长期资产			
合　计		合　计	

公司在编制资产负债表时，要清楚哪些科目余额是可以直接填写的，有哪些则需要根据前面介绍的方法进行填列，部分需要计算填列的科目其等式见表 3-3。

表 3-3　资产负债表项目的计算公式

类　别	具体阐述
资产类	①货币资金 = 库存现金 + 银行存款 + 其他货币资金。 ②短期投资 = 短期投资 - 短期投资跌价准备。 ③应收账款 = 应收账款（借）+ 预收账款（借）- 应计提"应收账款"的"坏账准备"。 ④预付账款 = 应付账款（借）+ 预付账款（借）。 ⑤其他应收款 = 其他应收款 - 应计提"其他应收款"的"坏账准备"。 ⑥存货 = 各种材料 + 商品 + 在产品 + 半成品 + 包装物 + 低值易耗品 + 委托代销商品等
负债类	①应付账款 = 应付账款（贷）+ 预付账款（贷）。 ②预收账款 = 应收账款（贷）+ 预收账款（贷）
所有者权益类	①未分配利润 = 本年利润 + 利润分配， 其中，未弥补的亏损，在本项目内以" - "号填列。 ②应付职工薪酬 = 应付工资 + 其他应交款 + 其他应付款， 其中，其他应交款主要是应付给职工工资附加费等支付给个人的款项，其他应付款主要是职工教育经费等

在了解了资产负债表的编制方法、填列内容和具体各项目的填制方法之后，下面以 A 公司为例来进行资产负债表的编制。

实例分析

编制 A 公司 20×2 年资产负债表

表 3-4 所示为 A 公司 20×2 年的科目余额表。

表 3-4　A 公司科目余额表

单位：元

科目名称	借方余额	科目名称	贷方余额
库存现金	2 500.00	短期借款	200 000.00
银行存款	807 834.00	应付票据	148 000.00
其他货币资金	6 300.00	应付账款	975 310.00
交易性金融资产	0	其他应付款	60 000.00
应收票据	45 000.00	应付职工薪酬	40 000.00

续上表

科目名称	借方余额	科目名称	贷方余额
应收账款	400 000.00	应交税费	238 761.00
其他应收款	66 000.00	应付利息	0
原材料	60 200.00	一年内到期的长期负债	0
周转材料	25 010.00	长期借款	1 222 926.00
库存商品	2 203 700.00	股本	2 395 045.00
其他流动资产	104 000.00	盈余公积	105 170.00
长期股权投资	330 100.00	未分配利润	204 132.00
固定资产	1 305 000.00	资本公积	1 015 000.00
累计折旧	140 300.00		
工程物资	290 000.00		
在建工程	410 000.00		
无形资产	500 000.00		
其他非流动资产	189 000.00		
合计	6 604 344.00	合计	6 604 344.00

接着再以 A 公司 20×2 年科目余额表为基础来编制资产负债表，根据 A 公司的科目余额表，可以得出 A 公司 20×2 年资产负债表中的以下数据：

①货币资金＝库存现金＋银行存款＋其他货币资金

＝2 500.00+807 834.00+6 300.00=816 634.00（元）

②存货＝原材料＋周转材料＋库存商品

＝60 200.00+25 010.00+2 203 700.00= 2 288 910.00（元）

资产负债表内的其余各项目，则直接根据科目余额表填列即可，于是可以得出图 3-4 所示的 A 公司 20×2 年的资产负债表。

资产负债表

编制单位：A公司		20×2年12月31日	单位：元
资产	期末余额	负债和所有者权益（或股东权益）	期末余额
流动资产：		流动负债：	
货币资金	816 634.00	短期借款	200 000.00
应收票据	45 000.00	应付票据	148 000.00
应收账款	400 000.00	应付账款	975 310.00
预付款项	0	预收款项	0
其他应收款	66 000.00	应付职工薪酬	40 000.00
存货	2 288 910.00	应交税费	238 761.00
其中：原材料	60 200.00	其他应付款	60 000.00
库存商品	2 203 700.00	其他流动负债	0
周转材料	25 010.00	流动负债合计	1 662 071.00
其他流动资产	104 000.00	非流动负债：	
流动资产合计	3 720 544.00	长期借款	1 222 926.00
非流动资产：		长期应付款	0
长期股权投资	330 100.00	递延收益	0
固定资产	1 305 000.00	其他非流动负债	0
减：累计折旧	140 300.00	非流动负债合计	1 222 926.00
在建工程	410 000.00	负债合计	2 884 997.00
工程物资	290 000.00	所有者权益（或股东权益）：	
生产性生物资产	0	实收资本（或股本）	2 395 045.00
无形资产	500 000.00	资本公积	1 015 000.00
开发支出	0	盈余公积	105 170.00
长期待摊费用	0	未分配利润	204 132.00
其他非流动资产	189 000.00	所有者权益（或股东权益）合计	3 719 347.00
非流动资产合计	2 883 800.00		
资产总计	6 604 344.00	负债和所有者权益（或股东权益）总计	6 604 344.00

图 3-4　A 公司 20×2 年资产负债表

3.3　看公司经营成果——利润表

利润表是反映公司一定会计期间经营成果的报表。由于它反映的是某一特定期间的情况，因此也被称为动态报表。

3.3.1　利润表的作用

公司经营既可能盈利，也可能发生亏损。而如何来判断公司的经营情况是盈利还是亏损呢？这就需要编制利润表。该表可以全面揭示公司在某一特定时期实现的各种收入、产生的各种费用和成本，以及公司实现的利润或发生的亏损情况等。

编制利润表的主要目的是将公司经营成果的信息提供给报表使用者，为他们提供决策依据或参考，其作用主要有以下四点：

1. 可以评价和预测公司的经营成果和获利能力

一般以营业收入和其他收入在抵扣成本、费用、税金等后的差额，用来表示公司的收益，即经营成果。经营成果是一个绝对值指标，是公司利润直接的体现。

获利能力是指公司的盈利能力，其指标主要包括营业利润率、成本费用利润率、总资产报酬率、净资产收益率等。经营成果的信息可以根据利润表直接得出，而获利能力的信息除利润表外，还要结合其他会计报表和注释附表才能获取。

根据利润表反映出的经营成果信息，股东、债权人和公司管理部门可以此评价和预测公司的获利能力，据以对是否投资或追加投资、投资多少等作出决策。

2. 可以评价和预测公司的偿债能力

利润表本身并不能直接提供有关偿债能力的信息，然而公司的偿债能力不仅取决于资产的流动性和结构，也取决于获利能力。公司在部分年份获利能力不足，不一定会影响其偿还债务的能力，但一家公司若长期获利能力都不强，其偿债能力一般也不会很强。

因此，公司债权人和管理部门可以通过分析和比较利润表中的有关信息，间接地评价和预测公司的偿债能力，尤其是长期偿债能力，并揭示偿债能力的变化原因，努力提升公司的偿债能力，这也有利于促进公司形象的改善。

3. 有利于公司管理人员作出经营决策

公司管理人员可以比较和分析利润表中的各项内容，掌握各项收入、成本、费用与公司利润之间的关系，可以发现工作中存在的问题，努力改善经营管理，作出合理的经营决策。

4. 可以评价和考核管理人员的绩效

利润表除了可比较前后期各项收入、成本、费用及收益的增减变动情况外，还可以据此评价公司各部门及这些部门人员的绩效，以便及时作出生产、销售、人事等方面的方针调整，有利于各项经营活动合理进行。

3.3.2 初识利润表

利润表对公司经营管理来说发挥着重要作用，主要是根据"收入 - 费用 = 利润"这一会计恒等式来编制。

在公司生产经营中会不断发生各种费用和支出，同时也会取得各种收入，以收入减去费用，剩下部分就是公司的盈利。公司会计部门将核算结果编制成报表，就形成了利润表。在利润表中，通常反映如下四项内容。

1. 构成主营业务利润的各项要素

从主营业务收入出发，减去为取得主营业务收入而发生的相关费用、税金后得出主营业务利润。

2. 构成营业利润的各项要素

营业利润在主营业务利润的基础上，加其他业务利润，加（减）销售费用、管理费用和财务费用等损益后得出。

3. 构成利润总额（或亏损总额）的各项要素

利润总额（或亏损总额）在营业利润的基础上加（减）营业外收支后得出。

4. 构成净利润（或净亏损）的各项要素

净利润（或净亏损）在利润总额（或亏损总额）的基础上，减去本期计入损益的所得税费用后得出。

对于利润表中的各项内容，一般按收入、费用及利润的各个项目进行分项列示，见表 3-5。

表 3-5 利润表内容列示

内 容	具体阐述
收 入	收入一般按重要性进行列示，主要包括主营业务收入、其他业务收入、营业外收入等
费 用	费用一般按性质进行列示，主要包括主营业务成本、税金及附加、管理费用、财务费用、营业外支出等
利 润	利润一般按营业利润、利润总额和净利润的构成来分类分项列示

3.3.3 常见利润表模板

利润表一般包括表首、正表两部分。其中表首说明报表名称、编制单位、编制日期、报表编号、货币名称、计量单位等；正表是利润表的主体，反映形成经营成果的各个项目和计算过程。利润表正表的格式一般包括多步式利润表和单步式利润表两种。

1. 多步式利润表

多步式利润表是通过对当期的收入、费用、支出项目按照性质进行分类，并按利润形成的主要环节列示一些利润指标，如营业利润、利润总额、净利润等，其模板如图3-5所示。

利润表		
编制单位：××公司	××年××月	单位：元
项目	本月数	本年累计数
一、营业收入		
减：营业成本		
税金及附加		
销售费用		
管理费用		
研发费用		
财务费用		
其中：利息费用		
利息收入		
加：其他收益		
投资收益（损失以"－"号填列）		
其中：对联营企业和合营企业的投资收益		
以摊余成本计量的金融资产终止确认收益（损失以"－"号填列）		
净敞口套期收益（损失以"－"号填列）		
公允价值变动收益（损失以"－"号填列）		
信用减值损失（损失以"－"号填列）		
资产减值损失（损失以"－"号填列）		
资产处置收益（损失以"－"号填列）		
二、营业利润（亏损以"－"号填列）		
加：营业外收入		
减：营业外支出		
三、利润总额（亏损总额以"－"号填列）		
减：所得税费用		
四、净利润（净亏损以"－"号填列）		
（一）持续经营净利润（净亏损以"－"号填列）		
（二）终止经营净利润（净亏损以"－"号填列）		
五、其他综合收益的税后净额		
（一）不能重分类进损益的其他综合收益		
1. 重新计量设定受益计划变动额		
2. 权益法下不能转损益的其他综合收益		
3. 其他权益工具投资公允价值变动		
4. 公司自身信用风险公允价值变动		
……		

图 3-5　多步式利润表

在我国，利润表采用的是多步式，每个项目通常又分为"本月数"和"本年累计数"两栏。"本月数"栏反映各项目本月的实际发生数；在编制年度财务会计报告时，填列上年全年累计实际发生数。

2. 单步式利润表

单步式利润表是将当期所有的收入列示在一起，然后将所有的费用列示在一起，再用两者相减得出当期的利润，其模板如图 3-6 所示。

利润表

编制单位：　　　年　月　日　　　　单位：元

项目	行次	本月数	本年累计数
一、收入			
主营业务收入			
其他业务收入			
投资收益			
营业外收入			
……			
收入合计			
二、费用			
主营业务成本			
其他业务成本			
税金及附加			
销售费用			
管理费用			
财务费用			
营业外支出			
所得税费用			
……			
费用合计			
三、净利润			

图 3-6　单步式利润表

3.3.4　利润表编制方法

由多步式利润表模板可以知道，利润表中的各项目都列有"本月数"和"本年累计数"两栏。其中"本月数"栏主要是根据账户本期发生额和有关项目两种方式填列。

利润表中具体各项目填列方法见表 3-6。

表 3-6　根据账户本期发生额填列的项目

填列项目	具体阐述
销售费用	销售费用项目反映公司在销售商品和购入商品等过程中发生的相关费用，应根据"销售费用"账户的发生额分析填列
管理费用	管理费用项目反映公司行政管理等部门发生的费用，应根据"管理费用"账户的发生额分析填列
财务费用	财务费用项目反映公司发生的利息收支等，应根据"财务费用"账户的发生额分析填列
资产减值损失	资产减值损失项目反映公司发生的各项减值损失，根据"资产减值损失"账户的发生额分析填列
公允价值变动收益	公允价值变动收益项目反映公司交易性金融资产的公允价值变动所形成的当期利得和损失，根据"公允价值变动损益"账户的发生额分析填列
投资收益	投资收益项目反映公司对外投资所取得的收益，应根据"投资收益"账户的发生额分析填列，若为投资损失，以"-"号填列
营业外收入和营业外支出	营业外收入项目和营业外支出项目，反映公司发生的与生产经营无直接关系的各项收入和支出，应分别根据"营业外收入"账户和"营业外支出"账户的发生额分析填列
所得税费用	所得税费用项目反映公司按规定从本期损益中应扣除的所得税，应根据"所得税费用"账户的发生额分析填列

除上述直接填列项目外，利润表项目中还有根据有关项目计算填列的，主要包括"营业利润""利润总额""净利润"等项目，其具体计算方式如下：

营业利润＝营业收入－营业成本－税金及附加－销售费用－管理费用－财务费用－资产减值损失＋公允价值变动收益（或"－变动损失"）＋投资收益（或"－投资损失"）

其中，营业收入包括"主营业务收入"和"其他业务收入"两项。

利润总额＝营业利润＋营业外收入－营业外支出

净利润＝利润总额－所得税费用

利润表中"本月数"栏内的各项内容主要有以上两种填列方式，而"本年累计数"则应根据上月利润表中"本年累计数"栏内各项目数额，加上本月利润表中"本月数"栏内各项目的数额，然后将其合计数填入该栏相应项目内。

3.3.5　新公司如何编制利润表

利润表主要是根据公司年末各损益类会计科目的累计发生额计算编制的。在编制利润表之前，有必要先了解一下编制该表的步骤有哪些，具体内容如下：

①依据期末试算平衡表中各损益类账户的发生额，结合有关明细账户的发生额，计算利润表各项目。

②计算营业利润。

③计算利润总额。

④计算净利润。

⑤检验利润表各项目的填列是否正确、各项计算是否正确。

下面就以 B 公司为例来编制利润表。

实例分析

编制 B 公司 20×2 年的利润表

表 3-7 为 B 公司 20×2 年各损益类会计科目的累计发生额。

表 3-7　B 公司 20×2 年度损益类会计科目的累计发生额

单位：元

科目名称	借方余额	贷方余额
营业收入	5 030 800.00	
营业成本	704 020.00	
税金及附加	3 200.00	
销售费用	20 400.00	
财务费用	38 000.00	
资产减值损失	28 000.00	
投资收益		20 800.00
营业外收入		103 000.00

续上表

科目名称	借方余额	贷方余额
营业外支出	17 700.00	
所得税费用	65 000.00	

根据 B 公司 20×2 年度损益类会计科目的累计发生额，可以得出下列等式。

①营业利润 = 营业收入 − 营业成本 − 税金及附加 − 销售费用 − 管理费用 − 财务费用 − 资产减值损失 + 公允价值变动收益（或 "− 变动损失"）+ 投资收益（或 "− 投资损失"）

$$= （5\ 030\ 800.00 − 704\ 020.00 − 3\ 200.00 − 20\ 400.00 − 38\ 000.00 − 28\ 000.00 + 20\ 800.00）= 4\ 257\ 980.00（元）$$

②利润总额 = 营业利润 + 营业外收入 − 营业外支出

$$= 4\ 257\ 980.00 + 103\ 000.00 − 17\ 700.00$$

$$= 4\ 343\ 280.00（元）$$

③净利润 = 利润总额 − 所得税费用

$$= 4\ 343\ 280.00 − 65\ 000.00$$

$$= 4\ 278\ 280.00（元）$$

所以，据此可以填制 B 公司 20×2 年度的利润表简表，见表 3-8。

表 3-8 B 公司 20×2 年度利润表

单位：元

项　目	本月数	本年累计数
一、营业收入		5 030 800.00
减：营业成本		704 020.00
税金及附加		3 200.00
销售费用		20 400.00
管理费用		0
研发费用		
财务费用		38 000.00
其中：利息费用		

续上表

项　　目	本月数	本年累计数
利息收入		
加：其他收益		
投资收益（损失以"-"号填列）		20 800.00
信用减值损失（损失以"-"号填列）		
资产减值损失（损失以"-"号填列）		28 000.00
资产处置收益（损失以"-"号填列）		
二、营业利润（亏损以"-"号填列）		4 257 980.00
加：营业外收入		103 000.00
减：营业外支出		17 700.00
三、利润总额（亏损总额以"-"号填列）		4 343 280.00
减：所得税费用		65 000.00
四、净利润（净亏损以"-"号填列）		4 278 280.00
（一）持续经营净利润（净亏损以"-"号填列）		
（二）终止经营净利润（净亏损以"-"号填列）		
五、其他综合收益的税后净额		
六、综合收益总额		

3.4　看公司现金状况——现金流量表

现金流量表是反映公司一定时期内（如月度、季度或年度）进行经济活动时现金及现金等价物流入和流出情况的报表。

3.4.1　现金流量表的作用

通过现金流量表可以反映经营活动、投资活动和筹资活动对公司现金流入流出的影响，有利于评价公司实现的利润、财务状况及财务管理活动。从现金流量表也可以看出公司的经营是否"健康"，它的编制具有很重要的意义，可以概括为以下三个方面：

1. 弥补了资产负债表信息量的局限

资产负债表是根据资产、负债、所有者权益三个会计要素的期末余额编制的；利润表是根据收入、费用、利润三个会计要素的本期累计发生额编制的。但是在资产负债表中资产、负债、所有者权益三个会计要素的发生额没有利用充分，没有填入会计报表。

会计资料一般是用发生额与本期净增加额（期末、期初余额之差）来说明各项目变动的原因及结果。但是本期的发生额与本期净增加额得不到合理的运用，具有一定的局限性。

而根据资产负债表的平衡公式，即资产＝负债＋所有者权益，可改写为现金＝负债＋所有者权益－非现金资产。

这个公式表明，现金的增减变动受公式右边因素的影响，即受负债、所有者权益、非现金资产三要素的影响，会导致现金的增加（或减少）。而现金流量表又是根据资产、负债、所有者权益的增减发生额或本期净增加额填制的，这样可以更加充分地揭示现金变动的原因。

2. 有助于利益相关者对公司进行考核

是否具有一定的支付能力对公司的发展具有重要的影响。公司的经营管理需要及时了解现金流量信息；此外，公司的各利益相关者，如投资者、银行等不仅需要了解公司的资产、负债、所有者权益的结构情况和经营结果，还需要了解公司偿还债务的能力及变现能力。

3. 有利于了解公司筹措现金及生成现金的能力

公司通过筹资活动可以吸收投资者的投资或者向银行借入现金。吸收投资会增加公司的受托责任；借入现金则会增加公司的负债。如此一来，公司想要生存发展下去，就要努力获利，而利润又是公司现金来源的主要渠道。

通过现金流量表就可以了解公司在经过一段时间的经营后，公司对内对外筹措了多少现金，自己本身经营又产生了多少现金。公司筹措现金，产生现金的能力，是公司加强经营管理、合理使用资金的重要信息，是其他两张报表不能反映出来的。

3.4.2 现金流量表的编制原则

我们已经了解了现金流量表的作用，为了更好地编制现金流量表，下面来更进一步认识现金流量表的编制原则。

资产负债表和利润表的编制基础都是基于权责发生制原则，而现金流量表的编制则是基于收付实现制原则。

那么什么是权责发生制和收付实现制呢？

我国企事业单位会计核算的记账基础主要包括权责发生制和收付实现制两种。权责发生制适用于一般的营利性企业和部分事业单位；收付实现制适用于行政事业单位。具体介绍见表 3-9。

表 3-9　权责发生制与收付实现制

类　　别	具体阐述
权责发生制	权责发生制也叫"应计制"，是指以权利和责任的发生来决定公司的收入和费用归属于哪一会计期间的一项原则。 凡是当期已经实现的收入和已经发生或应当负担的费用，不论其款项是否收付，都应作为当期的收入或费用处理；凡是不属于当期的收入和费用，即使款项已经在当期收付，都不作为当期的收入和费用
收付实现制	收付实现制也叫"现收现付制"，是指以款项是否已经收到或付出为基础来确定本期收入和费用的一种原则。 凡在本期实际收到或付出的款项，无论其发生日期是否归属于本期，都作为本期的收入与费用来核算
二者的区别	①所设置会计科目可能不一样。 权责发生制基础上会存在费用的待摊和预提问题，而在收付实现制基础上不存在这些问题，所以在进行核算时所设置的会计科目可能不同。 ②计算出的收入与费用总额可能不一样。 根据二者含义可知，权责发生制和收付实现制确定收入和费用的原则不同，因此，它们即使是在同一时期同一业务下，计算出的收入和费用总额也可能不同。 ③计算出的盈亏程度可能不一样。 权责发生制是以应收应付为标准来计算收入和费用的，计算出来的盈亏较为准确；而收付实现制是以款项的实际收付为标准来计算收入和费用，其盈亏结果可能不够准确。 ④手续简易程度不一样。 权责发生制下，期末要对账簿记录进行调整之后才能计算盈亏，手续比较麻烦；而收付实现制期末时不会对账簿记录进行调整，即可计算盈亏，手续比较简单

对于没有会计基础的人来说，可能有点抽象，我们通过一个具体的案例来学习。

实例分析

正确区分权责发生制与收付实现制

某公司 20×2 年 9 月发生以下业务，按照权责发生制和收付实现制应该计入的收入与费用如图 3-7 所示。

①销售商品一批，总价为 67 000.00 元，货款已收讫；该批商品的成本为 55 000.00 元。

②预收货款 21 000.00 元，款项已经存入银行；商品在下月交付。

③以银行存款预付下季度仓库租金 11 200.00 元。

④以银行存款支付本月水电费 3 500.00 元。

⑤在 6 月已预付本年度第三季度的财产保险费 5 000.00 元。

公司9月份业务文件				单位：元
业务内容	权责发生制		收付实现制	
	收入	费用	收入	费用
①销售商品一批，总价为67 000.00元，货款已收讫；该批商品的成本为55 000.00元。	67 000.00	55 000.00	67 000.00	55 000.00
②预收货款21 000.00元，款项已经存入银行；商品在下月交付。			21 000.00	
③以银行存款预付下季度仓库租金11 200.00元。				11 200.00
④以银行存款支付本月水电费3 500.00元。		3 500.00		3 500.00
⑤在6月已预付本年度第三季度的财产保险费5 000.00元。		1 666.67		
合计	67 000.00	60 166.67	88 000.00	69 700.00
净损益	6 833.33		18 300.00	

图 3-7 某公司 20×2 年 9 月在权责发生制和收付实现制下应计入的收入与费用

图 3-7 中数据 1 666.67 由 5 000.00÷3 得来。

注意，此处不区分该公司性质为营利性公司还是非营利性公司，只是为了阐述权责发生制与收付实现制的区别。

由以上数据对比可以看出，在权责发生制与收付实现制下，计入公司的收入、费用、净损益等的差别。

既然权责发生制与收付实现制存在表 3-9 所示的四大区别，且资产负债表和利润表的记账基础都是权责发生制，那为什么现金流量表的记账基础是收付实现制呢？

主要是因为现金流量表可以弥补资产负债表和利润表的不足，用来记录公司现金的流入与流出，根据公司当月现金的流入、流出量来记录即可，并不用按照收入与成本配比的原则来进行。其次，收付实现制相比于权责发生制也有以下三个方面的优势：

①确定公司的收入、费用及利润时间，具有客观性和可比性。而权责发生制下，确定公司费用时，要根据费用与其他收入的关系，采用一定的折旧方法、摊销方法和存货计价方法等许多人为方法，将费用分摊到各个会计期间。在此过程中，会采用许多的估计、预测数据，因而其提供的数据相比于收付实现制来说，也丧失了一定的客观性和可比性。

②根据收付实现制，可以反映公司实实在在拥有的资金。公司能否按时偿还债务、支付利息、分配股利等，很大程度上取决于公司实际拥有的现金。

③以收付实现制为基础的现金流量有利于公司的长期投资决策。长期投资涉及时间长、风险高，投资者不仅要考虑收益水平的问题，更要关心投资的回收时间问题。而像利润表的指标只涉及投资额在本期所分摊份额的回收，并且利润指标受权责发生制下应收、应付项目的影响，主观性太强。

因此，投资者注重公司现金的实际流入或流出，投资期限内只有现金总流入量超过现金总流出量，投资方案才能够被投资者所接受。

3.4.3 常见现金流量表填列项目

现金流量表的填列主要分为表 3-10 中的三大内容。

表 3-10 现金流量表的内容

内　容	具体阐述
经营活动产生的现金流量	经营活动是指投资和筹资活动以外的所有交易和事项，公司经营活动产生的现金流入与现金流出具体介绍如下： 经营活动产生的现金流入主要包括以下三项： ①销售商品、提供劳务收到的现金； ②收到的税费返还； ③收到其他与经营活动有关的现金。

内　容	具体阐述
经营活动产生的现金流量	经营活动产生的现金流出主要包括以下四项： ①购买商品、接受劳务支付的现金； ②支付给职工及为职工支付的现金； ③支付的各项税费； ④支付其他与经营活动有关的现金
投资活动产生的现金流量	投资活动是指公司长期资产的购建和非现金等价物的投资及处置，投资活动产生的现金流入与现金流出具体介绍如下： 投资活动产生的现金流入主要包括以下五项： ①收回投资得到的现金； ②取得投资收益收到的现金； ③处置固定资产、无形资产和其他长期资产收回的现金净额； ④处置子公司及其他营业单位收到的现金净额； ⑤收到其他与投资活动有关的现金。 投资活动产生的现金流出主要包括以下四项： ①购建固定资产、无形资产和其他长期资产支付的现金； ②投资支付的现金； ③取得子公司及其他营业单位支付的现金净额； ④支付其他与投资活动有关的现金
筹资活动产生的现金流量	筹资活动是指导致资本及债务规模和构成发生变化的活动，筹资活动产生的现金流入与现金流出具体介绍如下： 筹资活动产生的现金流入主要包括以下三项： ①吸收投资收到的现金； ②取得借款收到的现金； ③收到其他与筹资活动有关的现金。 筹资活动产生的现金流出主要包括以下三项： ①偿还债务支付的现金； ②分配股利、利润和偿付利息支付的现金； ③支付其他与筹资活动有关的现金

3.4.4　常见现金流量表模板

现金流量表主要分为正表和附表两部分。在我国，现金流量正表采用的是和资产负债表一样的结构，即账户式，如图 3-8 所示。

附表即补充资料，用来补充说明相关信息，如图 3-9 所示。

现金流量表

编制单位：   年   月   单位：元

项目	本月金额	本年累计金额
一、经营活动产生的现金流量：		
销售商品、提供劳务收到的现金		
收到的税费返还		
收到其他与经营活动有关的现金		
经营活动现金流入小计		
购买商品、接受劳务支付的现金		
支付给职工以及为职工支付的现金		
支付的各项税费		
支付其他与经营活动有关的现金		
经营活动现金流出小计		
经营活动产生的现金流量净额		
二、投资活动产生的现金流量：		
收回投资收到的现金		
取得投资收益收到的现金		
处置固定资产、无形资产和其他长期资产收回的现金净额		
处置子公司及其他营业单位收到的现金净额		
收到其他与投资活动有关的现金		
投资活动现金流入小计		
购建固定资产、无形资产和其他长期资产支付的现金		
投资支付的现金		
取得子公司及其他营业单位支付的现金净额		
支付其他与投资活动有关的现金		
投资活动现金流出小计		
投资活动产生的现金流量净额		
三、筹资活动产生的现金流量：		
吸收投资收到的现金		
取得借款收到的现金		
收到其他与筹资活动有关的现金		
筹资活动现金流入小计		
偿还债务支付的现金		
分配股利、利润或偿付利息支付的现金		
支付其他与筹资活动有关的现金		
筹资活动现金流出小计		
筹资活动产生的现金流量净额		
四、汇率变动对现金及现金等价物的影响		
五、现金及现金等价物净增加额		
加：期初现金及现金等价物余额		
六、期末现金及现金等价物余额		

单位负责人：   财务主管：   制表人：

图 3-8　现金流量表模板

现金流量附表项目		
1.将净利润调节为经营活动的现金流量		
净利润		
计提的资产减值准备		
固定资产折旧		
无形资产摊销		
长期待摊费用摊销		
待摊费用减少		
预提费用增加		
……		
经营活动产生的现金流量净额		
2.不涉及现金收支的投资和筹资活动		
债务转为资本		
一年内到期的可转换公司债券		
融资租入固定资产		
……		
3.现金及现金等价物增加情况		
现金的期末余额		
减：现金的期初余额		
加：现金等价物的期末余额		
减：现金等价物的期初余额		
现金及现金等价物的净增加额		

图 3-9　现金流量表附表模板

3.4.5　现金流量表的编制方法

现金流量表的编制方法主要包括工作底稿法、T 型账户法和分析填列法三种，常用的是分析填列法，这里主要介绍分析填列法。

分析填列法是直接根据资产负债表、利润表和有关会计科目的明细账数据来分析计算填列的方法。用分析填列法编制经营活动产生的现金流量常用到的项目和涉及的公式如下所述。

1.销售商品、提供劳务收到的现金

销售商品、提供劳务收到的现金＝主营业务收入＋其他业务收入＋销项

税额＋（应收账款期初余额－应收账款期末余额）＋（应收票据期初余额－应收票据期末余额）＋（预收账款期末余额－预收账款期初余额）－当期计提的坏账准备

2. 收到的税费返还

当期返还的消费税、增值税、所得税等税项之和。

3. 收到其他与经营活动有关的现金

如罚款收入、个人赔偿的现金收入等，直接填列即可。

4. 购买商品、接受劳务支付的现金

购买商品、接受劳务支付的现金＝主营业务成本＋其他业务成本＋进项税额－（存货期初余额－存货期末余额）＋（应付账款期初余额－应付账款期末余额）＋（应付票据期初余额－应付票据期末余额）＋（预付账款期末余额－预付账款期初余额）

5. 支付给职工及为职工支付的现金

支付给职工及为职工支付的现金＝生产成本、制造费用、管理费用中的职工薪酬＋（应付职工薪酬期初余额－应付职工薪酬期末余额）＋［应付职工薪酬（在建工程）期初余额－应付职工薪酬（在建工程）期末余额］

6. 支付的各项税费

如支付的企业所得税、增值税等税费，经过对税费的调整，可以得到以下等式：

支付的各项税费＝当期所得税＋税金及附加＋应交税费（应交增值税－已交税金）

7. 支付其他与经营活动有关的现金

如罚款支出，支付的差旅费、保险费等。此外，投资活动和筹资活动产生的现金流量可以根据资产负债表和相关科目的发生额及余额填列，就不再详细叙述。

3.4.6　新公司如何编制现金流量表

我们已经初步认识了现金流量表，也了解了现金流量表的填列内容和编

制方法，下面就通过一个实例来具体讲述如何通过分析填列法来编制现金流量表。

实例分析
通过分析填列法来编制现金流量表

某公司 20×2 年资产负债表的相关数据见表 3-11。

表 3-11　某公司 20×2 年资产负债表相关数据

单位：元

项　　目	期末余额	期初余额
货币资金	595 146.00	1 126 300.00
应收票据	35 000.00	205 600.00
应收账款	498 499.00	209 370.00
预付账款	900 000.00	900 000.00
其他应收款	3 000.00	3 000.00
存货	1 136 700.00	1 263 500.00
应付票据	90 000.00	150 000.00
应付账款	911 830.00	911 830.00
应付职工薪酬	19 000.00	12 000.00
其他应付款	41 200.00	30 000.00

该公司 20×2 年利润表相关数据见表 3-12。

表 3-12　某公司 20×2 年利润表相关数据

单位：元

项　　目	本期金额
营业收入	1 080 000.00
营业成本	620 000.00
净利润	210 000.00

该公司 20×2 年利润表相关明细科目数据如下：

①管理费用：其中应付职工薪酬 18 000.00 元，支付其他管理费用 70 000.00 元。

②财务费用：支付应收票据贴现利息 2 000.00 元。

③投资收益：收到股息收入 20 000.00 元。

④资产处置损益：处置固定资产产生净收益 60 000.00 元（其中收到处置收入 100 000.00 元）。

⑤公允价值变动收益：本期收回的交易性股票投资产生的变动收益 1 200.00 元。

⑥所得税费用：当期所得税费用 87 000.00 元。

⑦税金及附加：3 000.00 元，在当期已经支付。

⑧分配股利：11 300.00 元。

该公司 20×2 年资产负债表相关明细科目数据见表 3-13。

表 3-13 某公司 20×2 年资产负债表相关明细科目数据

项 目	本期金额
存货中生产成本、制造费用	其中，职工薪酬 234 900.00 元，折旧费 70 000.00 元
应交税费	本期增值税进项税额 32 476.00 元，增值税销项税额 172 500.00 元，已交增值税 100 000.00 元；应交所得税期初余额为 25 900.00 元，期末余额为 125 731.00 元
购买固定资产、无形资产等	本期用现金购买固定资产 100 000.00 元，购买工程物资 200 000.00 元
偿还/取得借款	本期用现金偿还短期借款 180 000.00 元，偿还一年内到期的长期借款 600 000.00 元；借入长期借款 500 000.00 元
收回投资收到的现金	本期收回交易性股票本金 16 000.00 元

根据以上相关资料，再结合前述已经了解的相关等式，可以得出该公司 20×2 年现金流量表的相关数据，详细步骤如下：

（1）销售商品、提供劳务收到的现金。

即 =1 080 000.00+172 500.00+（209 370.00−498 499.00）+（205 600.00−35 000.00）=1 133 971.00（元）

根据以上资料和数据，可以得出经营活动产生的现金总流入额为 1 133 971.00（元）。

（2）购买商品、接受劳务支付的现金。

即 =620 000.00+32 476.00－（1 263 500.00－1 136 700.00）+（911 830.00－911 830.00）+（150 000.00－90 000.00）+（900 000.00－900 000.00）=585 676.00（元）

（3）付给职工及为职工支付的现金。

即 =234 900.00+18 000.00+（12 000.00－19 000.00）=245 900.00（元）

（4）支付的各项税费。

即 =87 000.00+3 000.00+100 000.00=190 000.00（元）

根据以上资料和数据，可以得出经营活动产生的现金总流出额，即 =585 676.00 +245 900.00+190 000.00+70 000.00=1 091 576.00（元）

到此，也可以得出经营活动产生的现金流量净额，如下：

经营活动产生的现金流量净额 = 经营活动产生的现金总流入额 － 经营活动产生的现金总流出额 =1 133 971.00－1 091 576.00=42 395.00（元）

（5）根据以上资料，收回投资收到的现金，主要包括公允价值变动收益和收回交易性股票本金。

即 =1 200.00+16 000.00=17 200.00（元）

（6）根据以上资料，取得投资收益收到的现金，主要是投资收益产生的股息收入 20 000.00 元。

（7）根据以上资料，处置固定资产、无形资产和其他长期资产收回的现金净额，主要包括资产处置损益。

即 =60 000.00（元）

故可以得出投资活动产生的现金流入总额 =17 200.00+20 000.00+60 000.00=97 200.00（元）

（8）根据以上资料，购建固定资产、无形资产和其他长期资产支付的现金，主要包括本期用现金购买的固定资产和工程物资。

即 =100 000.00+200 000.00=300 000.00（元）

故可以得出投资活动产生的现金流出总额为 300 000.00 元。

到此，也可以得出投资活动产生的现金流量净额，如下：

投资活动产生的现金流量净额 = 投资活动产生的现金总流入额 - 投资活动产生的现金总流出额 =97 200.00-300 000.00=-202 800.00（元）

（9）根据以上资料，取得借款收到的现金，主要是取得长期借款收到的现金，即 500 000.00 元。

故可以得出筹资活动产生的现金流入总额，即 500 000.00 元。

（10）根据以上资料，偿还债务支付的现金，主要包括用现金偿还短期借款 180 000.00 元和偿还一年内到期的长期借款 600 000.00 元。

即 =180 000.00+600 000.00=780 000.00（元）

（11）根据以上资料，分配股利、利润或偿付利息支付的现金，即 11 300.00（元）

故可得出筹资活动产生的现金流出总额 =11 300.00+780 000.00=791 300.00（元）

到此，也可以得出筹资活动产生的现金流量净额，如下：

筹资活动产生的现金流量净额 = 筹资活动产生的现金流入总额 - 筹资活动产生的现金流出总额 =500 000.00-791 300.00=-291 300.00（元）

现金及现金等价物净增加额和期末现金及现金等价物余额有以下计算公式：

现金及现金等价物净增加额 = 经营活动产生的现金流量净额 + 投资活动产生的现金流量净额 + 筹资活动产生的现金流量净额

期末现金及现金等价物余额 = 现金及现金等价物净增加额 + 期初现金及现金等价物

假设该公司没有汇率变化对现金及现金等价物的影响。

故可以得出该公司 20×2 年现金及现金等价物净增加额 =42 395.00-202 800.00-291 300.00=-451 705.00（元）

假设期初现金及现金等价物余额为 1 126 300.00 元就是期初现金及现金等价物余额，故可以得出该公司 20×2 年期末现金及现金等价物余额 =-451 705.00+1 126 300.00=674 595.00（元）

至此，我们就可以填列出该公司 20×2 年的现金流量表，如图 3-10 所示。

现金流量表		
编制单位： 20×2年12月	单位：元	
项目	本月金额	本年累计
一、经营活动产生的现金流量：		
销售商品、提供劳务收到的现金	1 133 971.00	
收到的税费返还	0	
收到其他与经营活动有关的现金	0	
经营活动现金流入小计	1 133 971.00	
购买商品、接受劳务支付的现金	585 676.00	
支付给职工以及为职工支付的现金	245 900.00	
支付的各项税费	190 000.00	
支付其他与经营活动有关的现金	70 000.00	
经营活动现金流出小计	1 091 576.00	
经营活动产生的现金流量净额	42 395.00	
二、投资活动产生的现金流量：		
收回投资收到的现金	17 200.00	
取得投资收益收到的现金	20 000.00	
处置固定资产、无形资产和其他长期资产收回的现金净额	60 000.00	
处置子公司及其他营业单位收到的现金净额	0	
收到其他与投资活动有关的现金	0	
投资活动现金流入小计	97 200.00	
购建固定资产、无形资产和其他长期资产支付的现金	300 000.00	
投资支付的现金	0	
取得子公司及其他营业单位支付的现金净额	0	
支付其他与投资活动有关的现金	0	
投资活动现金流出小计	300 000.00	
投资活动产生的现金流量净额	- 202 800.00	
三、筹资活动产生的现金流量：		
吸收投资收到的现金	0	
取得借款收到的现金	500 000.00	
收到其他与筹资活动有关的现金	0	
筹资活动现金流入小计	500 000.00	
偿还债务支付的现金	780 000.00	
分配股利、利润或偿付利息支付的现金	11 300.00	
支付其他与筹资活动有关的现金	0	
筹资活动现金流出小计	791 300.00	
筹资活动产生的现金流量净额	- 291 300.00	
四、汇率变动对现金及现金等价物的影响	0	
五、现金及现金等价物净增加额	- 451 705.00	
加：期初现金及现金等价物余额	1 126 300.00	
六、期末现金及现金等价物余额	674 595.00	

图 3-10　20×2 年度现金流量表

3.5　了解财务报表的重要指标

我们已经了解了如何编制基本的三大财务报表，虽然财务报表可以反映公司基本的财务状况，但是要想更深入地了解公司的财务状况，还需要学会利用财务报表数据，对公司财务状况做深层次解读。

3.5.1　营运能力分析

营运能力主要指公司经营运行的能力，即公司利用各项资产赚取利润的能力。影响公司营运能力的因素主要包括公司的应收账款、存货和固定资产等，以下就来详细介绍应该如何从这些因素出发，对公司的营运能力进行分析。

1. 应收账款

公司的应收账款主要是指在正常的经营过程中因销售商品、提供服务等，应由购买单位支付的款项，但是某些单位因为某些原因不能及时支付款项，所以产生了应收账款，属于公司的一项债权。

应收账款对公司的经营发展提供了一定的资金支持，若能及时回收，则会提高公司的资金使用效率；但是，若公司长期无法收回应收账款，则会影响公司的发展。

由此可以看出，应收账款回收时间的长短会影响公司的发展，故而可以用应收账款周转率来反映公司应收账款的速度。应收账款周转率是指公司在一定时期内赊销净收入与平均应收账款余额之比，它是衡量公司应收账款周转速度及管理效率的指标。

应收账款周转率的表现形式主要有两种，分别是应收账款周转次数和应收账款周转天数，其公式如下：

①应收账款周转次数（率）= 赊销净收入 ÷ 平均应收账款余额 ×100%

平均应收账款余额 =（应收账款余额年初数 + 应收账款余额年末数）÷2

②应收账款周转天数 =360÷ 应收账款周转率

注意，在实际计算时可把销售业务理解为全部赊销，这样就可以用销售收入来代替赊销净收入。

应收账款周转率是一个正向指标，即应收账款周转率越高，说明其回收越快，公司应收账款的管理水平越高；反之，说明应收账款占用了公司过多的资金，会影响公司正常的资金周转及偿债能力。

在分析公司应收账款周转率是否合理时，应与同行业的平均水平相比较而定。其次，还要注意与公司的经营方式结合考虑。如以下四种情况使用该指标就不能准确反映公司的应收账款周转率。

①季节性经营的公司，会影响公司的平均应收账款余额，就不再是"年初数"与"年末数"。

②大量使用分期收款结算方式的公司，会使应收账款增加，降低周转率，也不能如实地反映公司的应收账款周转率。

③大量使用现金结算的销售公司，会使应收账款周转天数过短，从而使应收账款周转率畸高。

④年末大量销售或年末销售大幅度下降的公司，会使公司应收账款周转率波动较大，不能准确反映公司的财务状况。

下面我们通过一个案例来更好地理解应收账款周转率对公司的影响。

实例分析

根据财报数据计算和分析应收账款周转率和周转天数

某公司 2023 年及 2024 年资产负债表部分项目数据见表 3-14 和表 3-15。

表 3-14 某公司 2023 年 12 月 31 日资产负债表部分数据

单位：元

项　目	期末余额	期初余额
应收账款	520 000.00	387 200.00

表 3-15 某公司 2024 年 12 月 31 日资产负债表部分数据

单位：元

项　目	期末余额	期初余额
应收账款	695 400.00	520 000.00

某公司 2023 年及 2024 年利润表部分项目数据见表 3-16 和表 3-17。

表 3-16 某公司 2023 年 12 月 31 日利润表相关数据

单位：元

项　目	本期金额	上期金额
营业收入	2 190 060.00	1 280 000.00

表 3-17 某公司 2024 年 12 月 31 日利润表相关数据

单位：元

项　目	本期金额	上期金额
营业收入	3 380 000.00	2 190 060.00

根据以上数据可以得出该公司 2023 年和 2024 年的应收账款周转率及应收账款周转天数分别如下：

① 2023 应收账款平均余额 =（520 000.00+387 200.00）÷2=453 600.00（元）

2023 年度应收账款周转率 =2 190 060.00÷453 600.00=4.83（次／年）

2023 年应收账款周转天数 =360÷4.83 ≈ 74.53（天／次）

② 2024 年应收账款平均余额 =（520 000.00+695 400.00）÷2=607 700.00（元）

2024 年应收账款周转次数 =3 380 000.00÷607 700.00 ≈ 5.56（次／年）

2024 年应收账款周转天数 =360÷5.56 ≈ 64.75（天／次）

由①式和②式可以看出，该公司 2023 年到 2024 年应收账款周转次数在增加，说明应收账款周转速度在提高；由于应收账款周转速度的提高，资金的利用效率也在提高。

2. 存货

存货是公司在日常活动中持有以备出售的产成品或商品，或处在生产过程中的在产品、周转材料等。

存货周转速度的快慢，不仅可以反映公司在采购、生产、销售等各环节的营运状况，而且对公司的偿债能力及获利能力也会产生一定的影响。

存货周转速度的快慢可通过周转率来表现，它是公司一定时期内的营业成本与存货平均余额的比率，即存货周转率（次数）=销货成本 ÷ 存货平均余额。

其中，销货成本也就是公司的营业成本，而存货的平均余额 =（存货年初数 + 存货年末数）÷2。

存货周转天数 =360÷ 存货周转率

或 =（平均存货 ×360）÷ 销货成本

存货周转率是衡量公司生产经营中存货运营效率的一项指标，一般参考值为 3 左右，越高表示周转速度越快，存货积压的风险越小，公司的变现能力和资金使用效率越好。

下面通过一个案例来分析存货周转率对公司营运能力的影响。

实例分析
根据财报数据计算和分析存货周转率

某公司 2023 年及 2024 年资产负债表部分项目数据见表 3-18 和表 3-19。

表 3-18　某公司 2023 年 12 月 31 日资产负债表部分数据

单位：元

项　　目	年末余额	年初余额
存　　货	1 361 910.00	1 006 050.00

表 3-19　某公司 2024 年 12 月 31 日资产负债表部分数据

单位：元

项　　目	年末余额	年初余额
存　　货	1 970 500.00	1 361 910.00

某公司 2023 年及 2024 年利润表部分项目数据见表 3-20 和表 3-21。

表 3-20　某公司 2023 年 12 月 31 日利润表部分数据

单位：元

项　　目	期末余额
营业成本	3 984 020.00

表 3-21　某公司 2024 年 12 月 31 日利润表部分数据

单位：元

项　　目	期末余额
营业成本	5 065 400.00

根据以上数据可以得出该公司 2023 年和 2024 年的存货周转率及存货周转天数分别如下：

①2023 年存货平均余额 =（ 1 361 910.00+1 006 050.00 ）÷2=1 183 980.00（元 ）

2023 年度存货周转次数 =3 984 020.00÷1 183 980.00 ≈ 3.36（次 / 年）

2023 年存货周转天数 =360÷3.36 ≈ 107.14（天 / 次）

②2024 存货平均余额 =（ 1 970 500.00+1 361 910.00 ）÷2=1 666 205.00（元）

2024 年存货周转次数 =5 065 400.00÷1 666 205.00 ≈ 3.04（次 / 年）

2024 年存货周转天数 =360÷3.04 ≈ 118.42（天 / 次）

由①式和②式可以看出，该公司 2023 年到 2024 年存货周转次数有所下降，2024 年周转天数比 2023 年增加了 11 天左右，说明存货周转速度变慢，公司营运能力有所下降。

3. 固定资产

固定资产是公司为生产商品、提供劳务等而持有的，且使用寿命超过一年的有形资产。固定资产是公司生存发展的基础，其周转速度也会影响公司的营运能力。

固定资产周转速度越快，表明公司充分利用了固定资产，使用效率高，产生的回报也多；反之，则代表公司的营运能力欠佳。

固定资产周转速度和应收账款、存货一样，也表现为周转率。固定资产周转率是公司年销售收入净额与固定资产平均净值的比率，即固定资产周转率 = 营业收入 ÷ 固定资产平均净值。

固定资产平均净值 =（期初固定资产净值 + 期末固定资产净值）÷ 2

固定资产净值 = 固定资产原值 - 累计折旧

固定资产周转率反映了公司固定资产的周转情况，是衡量固定资产使用效率的一项指标，可参考 0.8 ~ 1 区间的值。

下面通过固定资产周转率来分析公司的营运能力。

实例分析

根据财报数据计算和分析固定资产周转率

某公司 2023 年及 2024 年资产负债表部分项目数据见表 3-22 和表 3-23。

表 3-22 某公司 2023 年 12 月 31 日资产负债表部分数据

单位：元

项 目	期末余额	期初余额
固定资产	1 685 000.00	1 316 000.00
累计折旧	95 630.00	55 204.00

表 3-23 某公司 2024 年 12 月 31 日资产负债表部分数据

单位：元

项 目	期末余额	期初余额
固定资产	2 970 500.00	1 685 000.00
累计折旧	132 790.00	95 630.00

某公司 2023 年及 2024 年利润表部分项目数据见表 3-24 和表 3-25。

表 3-24　某公司 2023 年 12 月 31 日利润表部分数据

单位：元

项　目	期末余额
营业收入	1 220 500.00

表 3-25　某公司 2024 年 12 月 31 日利润表部分数据

单位：元

项　目	期末余额
营业收入	2 136 420.00

根据以上数据可以得出该公司 2023 年和 2024 年的固定资产周转率如下：

① 2023 年期初固定资产净值 =1 316 000.00−55 204.00=1 260 796.00（元）

2023 年期末固定资产净值 =1 685 000.00−95 630=1 589 370.00（元）

2023 年固定资产平均净值 =（1 260 796.00+1 589 370）÷2=1 425 083.00（元）

该公司 2023 年固定资产周转率 =1 220 500.00÷1 425 083.00 ≈ 0.86（次／年）

② 2024 年期初固定资产净值就等于 2023 年期末固定资产净值。

2024 年期末固定资产净值 =2 970 500.00−132 790.00=2 837 710.00（元）

2024 年固定资产平均净值 =（1 589 370+2 837 710.00）÷2=2 213 540.00（元）

该公司 2024 年固定资产周转率 =2 136 420.00÷2 213 540.00 ≈ 0.97（次／年）

由①式和②式可以看出，该公司 2023 年到 2024 年固定资产周转率虽然有所提高，但是也低于一年一次，即便如此，也在合理范围内。2023 年到 2024 年度，该公司营运能力还是比较不错的。

3.5.2　偿债能力分析

偿债能力是指公司偿还到期债务的能力，包括短期偿债能力和长期偿债能力。衡量公司短期偿债能力和长期偿债能力的常见指标如图 3-11 所示。

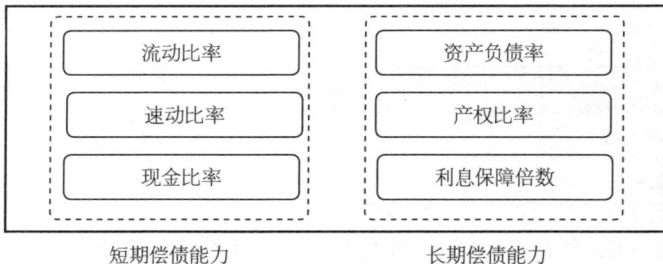

图 3-11　公司偿债能力指标

下面就来详细介绍应该如何从这些指标出发，分析公司的偿债能力。

1. 短期偿债能力分析

短期偿债能力是指公司以流动资产偿还流动负债的能力，是衡量公司财务能力，特别是流动资产变现能力的重要标志，主要包括以下三项指标：

◆ 流动比率

流动比率是公司流动资产与流动负债的比率，即流动比率＝流动资产÷流动负债。

流动比率是衡量公司短期偿债能力的一个重要指标，也是一个正向指标，一般情况下，流动比率越高，说明公司短期负债偿还能力越强。但是，也不是越高越好，流动比率过高，可能会使公司滞留在流动资产上的资金过多，不能有效加以利用，可能会影响公司的盈利能力。

根据经验表明，一般流动比率在 2∶1 左右比较合适。其次，还要结合公司历史流动比率和同行业平均水平的流动比率来分析。

◆ 速动比率

速动比率是指公司速动资产与流动负债的比率，即速动比率＝速动资产÷流动负债。

其中，速动资产是指可以快速变现为现金的资产，主要包括现金、应收账款、应收票据、其他应收款等，而存货、一年内到期的非流动资产则属于非速动资产，对于速动资产的计算主要有以下两种方式：

计算方式一：速动资产＝货币资金＋交易性金融资产＋应收票据＋应收账款＋其他应收款。

计算方式二：速动资产＝流动资产－存货。

速动比率越高，也说明公司短期偿债能力越强。一般认为正常的速动比率为 1，低于 1 的速动比率则被认为短期偿债能力偏低。但是行业不同，速动比率也会有较大差别，并没有统一标准。

◆ 现金比率

现金比率是公司现金类资产与流动负债的比率，即现金比率＝现金类资产÷流动负债。

其中，现金类资产主要是指公司所拥有的货币资金和持有的短期有价证券。实务中常用速动资产扣除应收账款后的余额表示，由于应收账款存在不一定能按时收回的风险，因此速动资产扣除应收账款后计算出来的金额，最能反映公司直接偿付流动负债的能力。

因此，现金比率的计算公式又可以更改为如下等式：

现金比率＝现金类资产÷流动负债＝（货币资金＋有价证券或短期投资）÷流动负债＝（速动资产－应收账款）÷流动负债

虽然现金比率可以直接反映公司偿付流动负债的能力，比率越高，也说明公司短期偿债能力越强。但是，如果公司保留过多的现金类资产，致使现金比率过高，也会让公司的流动负债不能得到合理运用，会增加公司的机会成本。一般情况下，现金比率保持在 30% 左右。

下面通过案例来直观理解如何通过以上三项指标分析公司的短期偿债 | 能力。

实例分析
根据财报数据计算和分析公司的短期偿债能力

某公司 2023 年及 2024 年资产负债表部分项目数据见表 3-26。

表 3-26　某公司 2023 年及 2024 年资产负债表部分数据

单位：元

项　　目	2023 年 12 月 31 日余额	2024 年 12 月 31 日余额
流动资产	3 530 544.00	4 362 071.00
流动负债	1 662 071.00	2 252 010.00
存　　货	1 498 910.00	1 923 000.00
应收账款	1 583 000.00	1 702 300.00

根据表 3-26 可以得出以下数据：

①流动比率计算如下：

该公司 2023 年的流动比率 =3 530 544.00÷1 662 071.00 =2.12

该公司 2024 年的流动比率 =4 362 071.00÷2 252 010.00=1.94

故可以看出该公司 2024 年度流动比率相较于 2023 年在下降，公司短期偿债能力在减弱。

②速动比率计算如下：

该公司 2023 年速动资产 =3 530 544.00−1 498 910.00=2 031 634.00（元）

该公司 2023 年速动比率 =2 031 634.00÷1 662 071.00=1.22

该公司 2024 年的速动资产 =4 362 071.00−1 923 000.00=2 439 071.00（元）

则该公司 2024 年的速动比率 =2 439 071.00÷2 252 010.00=1.08

据此可以看出该公司 2024 年度速动比率相较于 2023 年也在下降，只不过变化不太大，依旧维持在 1 左右，速动比率还是比较正常，但若是速动比率持续下降的话，则需要引起注意。

③现金比率计算如下：

根据①式和②式中的速动资产，再结合以上数据，可以得出该公司 2023 年的现金比率 =（2 031 634.00−1 583 000.00）÷1 662 071.00×100% ≈ 26.99%

该公司 2024 年的现金比率 =（2 439 071.00−1 702 300.00）÷2 252 010.00×100% ≈ 32.72%

据此可以看出该公司 2024 年度现金流动比率相较于 2023 年在上升，且维持在一个合理水平，说明该公司直接偿付短期负债的能力在增强。

2. 长期偿债能力分析

长期偿债能力是指公司偿还长期负债的能力，它反映公司财务状况的稳定程度，其衡量指标常见的主要有以下三项：

◆ 资产负债率

资产负债率是公司的负债总额与资产总额的比率，即资产负债率 = 负债总额 ÷ 资产总额 ×100%。

它表示在公司的资产总额中有多少是通过负债筹集的，该指标是评价公司负债水平的综合指标，主要有以下三层含义：

①对于债权人来说，资产是对债权人权益保障的程度，作为债权人肯定希望负债比率越低越好。

②对所有者而言，最关心的是投入资本能够产生多少回报。即使是通过举债取得的资金，只要产生的收益率大于资本成本率时，所有者都会希望负债比例越大越好；而取得的收益率小于资本成本率时，则相反。

③对于经营者来说，如果举债很大，超出债权人的承受范围，公司就借不到钱；但若公司不举债，也不利于公司的持续发展。所以公司需要权衡利弊，做出正确的决策。

由此可见，公司资产负债率的高低也没有一个绝对的数值，具体要看站在什么立场分析。资产负债率的参考水平是在 40% ~ 60% 之间。

◆ 产权比率

产权比率是指负债总额与所有者权益总额的比率，即产权比率 = 负债总额 ÷ 所有者权益总额 ×100%。

产权比率反映了所有者权益对债权人权益的保障程度，长期偿债能力越强，债权人权益的保障程度越高。一般比率在 1:1 最理想，但是若资产负债率在 40% ~ 60% 之间，则产权比率在 0.7 ~ 1.5 之间比较合适。

◆ 利息保障倍数

利息保障倍数是公司的息税前利润与利息费用的比率，即利息保障倍数 = 息税前利润 ÷ 利息费用。

其中，息税前利润 = 净利润 + 所得税 + 利息费用

注意，分子分母的"利息费用"并不是同一个"利息费用"，分子的"利息费用"就是指利润表中的"财务费用"；而分母中的"利息费用"不仅包括利润表中的"财务费用"，还包括资产负债表中计入资产价值的利息，即资本化的利息。

利息保障倍数用于衡量公司支付利息的能力，如果没有足够多的息税前利润，公司的利息支付就会有困难。

利息保障倍数也是衡量公司长期偿债能力大小的重要标志，该比率越高，说明公司的长期偿债能力越强。要维持正常的长期偿债能力，利息保障倍数至少应大于 1。如果利息保障倍数过低，公司将会面临偿债的安全性与稳定性下降的风险。

下面通过一个案例来帮助理解如何通过以上三项指标分析公司的长期偿债能力。

实例分析
根据财报数据计算和分析公司的长期偿债能力

某公司 2023 年和 2024 年资产负债表部分项目数据见表 3-27。

表 3-27　某公司 2023 年及 2024 年资产负债表部分数据

单位：元

项目	2023 年 12 月 31 日余额	2024 年 12 月 31 日余额
资产总额	6 814 344.00	9 975 010.00
负债总额	2 884 997.00	3 952 010.00
所有者权益总额	3 929 347.00	5 823 000.00

某公司 2023 年和 2024 年利润表中部分数据见表 3-28。

表 3-28　某公司 2023 年及 2024 年利润表部分数据

单位：元

项目	2023 年 12 月 31 日余额	2024 年 12 月 31 日余额
净利润	1 260 000.00	2 132 071.00
所得税费用	340 000.00	400 200.00
财务费用	1 000 000.00	1 103 300.00

除以上数据外，该公司 2023 年和 2024 年利息中分别有 100 000.00 元和 200 000.00 元计入在建工程。

根据以上资料可以得出该公司的以下数据：

①资产负债率计算如下：

2023 年的资产负债率 =2 884 997.00 ÷ 6 814 344.00 × 100% ≈ 42.34%

2024 年的资产负债率 =3 952 010.00 ÷ 9 975 010.00 × 100% ≈ 39.62%

由此可以看出该公司 2024 年度资产负债率较上年度有所降低，公司的长期偿债能力在增强。

②产权比率计算如下：

2023 年的产权比率 =2 884 997.00 ÷ 3 929 347.00 × 100% ≈ 73.42%

2024 年的产权比率 =3 952 010.00 ÷ 5 823 000.00 × 100% ≈ 67.87%

根据 2023 年的产权比率可以看出，该公司 2023 年的产权比率在合理范围内，2024 年产权比率稍有所下降，债权人权益的保障程度在增大。

③利息保障倍数计算如下：

2023 年的息税前利润 =1 260 000.00+340 000.00+1 000 000.00=2 600 000.00（元）

2023 年的利息保障倍数 =2 600 000.00 ÷（1 000 000.00+100 000.00）≈ 2.36

2024 年息税前利润 =2 132 071.00+400 200.00+1 103 300.00=3 635 571.00（元）

2024 年的利息保障倍数 =3 635 571.00 ÷（1 103 300.00+200 000.00）≈ 2.79

由此可知该公司 2024 年利息保障倍数相较于 2023 年在增大，说明公司的长期偿债能力在增强，从 2023 年及 2024 年的数据也可以看出该公司有足够的息税前利润来支付利息和偿还债务。一般为了考察公司偿付利息能力的稳定性，应计算公司五年或五年以上的利息保障倍数，这里就不再详述。

3.5.3 盈利能力分析

盈利能力是指公司在一定时期内赚取利润的能力，也称为公司的资本或资金增值能力。常见的盈利能力指标有营业利润率、净资产收益率等。以下就来详细介绍如何结合这些指标来分析公司的盈利能力。

1. 营业利润率

营业利润率是公司在一定时期营业利润与营业收入的比率，即营业利润率 = 营业利润 ÷ 营业收入 ×100%。

该指标是一个正向指标，营业利润率越高，表明公司的盈利能力越强。不同行业营业利润率是不同的，参考值在 10% ~ 40%。

在实务中，也经常使用销售毛利率、销售净利率等指标来分析公司经营业务的获利水平，其计算等式如下：

销售毛利率 = （销售收入 − 销售成本）÷ 销售收入 ×100%

销售净利率 = 净利润 ÷ 销售收入 ×100%

2. 总资产净利率

总资产净利率是公司净利润占平均资产总额的比重，即总资产净利率 = 净利润 ÷ 平均资产总额 ×100%。

其中，平均资产总额 = （期初资产总额 + 期末资产总额）÷2。

该指标越高，表明资产利用效率越高，说明公司获取利润的能力越强，参考值在 10%~20%，但是也要结合具体行业平均值来看是否合理。

3. 净资产收益率

净资产收益率是公司一定时期净利润与平均净资产的比率，即净资产收益率 = 净利润 ÷ 平均净资产 ×100%。

其中，平均净资产 = （所有者权益期初数 + 所有者权益期末数）÷2。

净资产收益率反映了公司自有资金的投资收益水平，一般认为，该指标越高，公司盈利能力越强，对公司投资人、债权人利益的保证程度也越高。净资产收益率也可结合行业平均水平来分析，参考值在 15% ~ 39% 的范围。

下面通过一个案例来更好地理解如何通过以上三项指标分析公司的盈利能力。

实例分析

根据财报数据计算和分析公司的盈利能力

某公司 2023 年和 2024 年资产负债表部分项目数据见表 3-29 和表 3-30。

表 3-29 某公司 2023 年 12 月 31 日资产负债表部分数据

单位：元

项　　目	期末余额	期初余额
资产总额	6 798 204.00	5 560 300.00
所有者权益	4 521 002.00	3 929 346.00

表 3-30 某公司 2024 年 12 月 31 日资产负债表部分数据

单位：元

项　　目	期末余额	期初余额
资产总额	7 965 200.00	6 798 204.00
所有者权益	6 230 210.00	4 521 002.00

某公司 2023 年和 2024 年利润表部分数据见表 3-31 和表 3-32。

表 3-31 某公司 2023 年 12 月 31 日利润表部分数据

单位：元

项　　目	期末余额
营业收入	3 930 800.00
营业利润	1 107 080.00
净利润	1 016 150.00

表 3-32 某公司 2024 年 12 月 31 日利润表部分数据

单位：元

项　　目	期末余额
营业收入	6 740 100.00
营业利润	2 135 000.00
净利润	1 329 050.00

根据以上资料则可以得出该公司的以下数据：

①营业利润率计算如下：

2023 年的营业利润率 =1 107 080.00÷3 930 800.00×100% ≈ 28.16%

2023 年的营业利润率 =2 135 000.00÷6 740 100.00×100% ≈ 31.68%

由此可以看出该公司 2024 年营业利润率相较于 2023 年在增加，说明该公司 2024 年度盈利能力有所增强。

②总资产净利率计算如下：

2023 年的总资产净利率 =1 016 150.00÷［（5 560 300.00+6 798 204.00）÷2］×100% ≈ 16.44%

2024 年的总资产净利率 =1 329 050.00÷［（6 798 204.00+7 965 200.00）÷2］×100% ≈ 18%

由此可以看出该公司 2024 年总资产利润率也在增加，说明该公司 2024 年资产利用效率有所提高。

③净资产收益率计算如下：

2023 年的净资产收益率 =1 016 150.00÷［（3 929 346.00+4 521 002.00）÷2］×100% ≈ 24.05%

2024 年的净资产收益率 =1 329 050.00÷［（4 521 002.00+6 230 210.00）÷2］×100% ≈ 24.72%

由此可以看出该公司 2024 年净资产收益率相较于 2023 年变化不大，说明 2024 年该公司净资产获取利润的能力保持较好。

总体看来，该公司 2024 年的盈利能力是在增强的，但是还要结合行业平均水平具体分析。

至此，对于公司常见财务指标的介绍就结束了。但是需要注意，评价公司财务状况的指标有很多，以上只列取了常见的一部分。此外，财务指标也具有一定的局限性，如评判标准不统一，评判只表示相对情况等。所以，不能仅仅依靠单一的财务指标来评判公司的财务状况。

第4章

依法按时纳税：配合开展税收管理

纳税是法律规定的每个公民和公司的义务，公司需要依法按时纳税。此外，新公司在税务上可能会存在很多问题和误区，需要明确并学会处理。

4.1 新公司税收概述

税收是国家取得经济收入的主要形式，每个公司都必须依法按时纳税。

4.1.1 税收的作用及特征是什么

税收是指国家为了向社会提供公共产品、满足社会共同需要、参与社会产品的分配，按照法律规定，强制、无偿取得财政收入的一种规范形式，是一种非常重要的政策工具。税收主要具有以下三方面的意义：

①税收是国家财政收入的主要来源，有利于保证和实现国家财政收入。

②税收是国家进行经济调控的重要手段，通过在税种、税目、税率、征收或减免税等方面的规定，可以调节社会生产、分配、交换和消费，促进社会经济健康发展。

③税收有利于监督经济活动，国家在征税时可以发现纳税人在生产经营过程中，或是在缴纳税款过程中存在的问题，可以及时采取纠正措施，通知纳税人或有关部门及时解决。

根据相关法律的规定，我国公民和公司都需要依法按时纳税，税收具有强制性、无偿性和固定性三个特征。

1. 税收具有强制性

税收的强制性是指税收是国家通过颁布法律来强制征收的。纳税人必须依法纳税，否则就会受到法律的制裁，体现了税收的法律地位。强制性特征又表现为两个方面，一是税收分配关系的建立具有强制性；二是税收的征收过程具有强制性，如果出现了违法行为，可以依法进行处罚。

2. 税收具有无偿性

税收的无偿性也表现为两个方面，一是政府取得税收收入无须向纳税人支付任何报酬；二是税收收入不会返还给纳税人。税收无偿性是税收的本质体现，是区分其他财政收入形式的重要特征。

3. 税收具有固定性

税收的固定性是指税收是按照国家法律规定的标准来进行征收的，即税收的对象、税种、税目、税率、纳税期限等，都是税收法令预先规定好的。对于税收规定的标准，征税方和纳税方都必须共同遵守，征纳双方不能违背或改变这些固定的比例或数额，以及其他规定。

4.1.2 我国现行税种有哪些

我国现行税种按照征税对象可以划分为五大类18个税种，如图4-1所示。

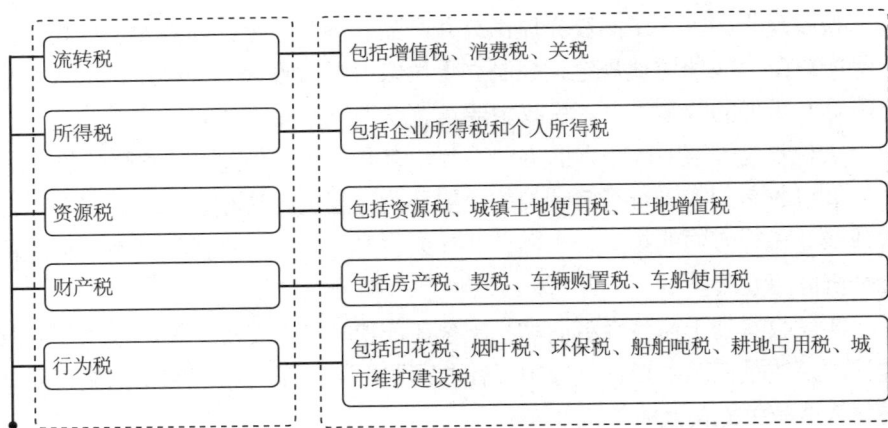

流转税	包括增值税、消费税、关税
所得税	包括企业所得税和个人所得税
资源税	包括资源税、城镇土地使用税、土地增值税
财产税	包括房产税、契税、车辆购置税、车船使用税
行为税	包括印花税、烟叶税、环保税、船舶吨税、耕地占用税、城市维护建设税

图 4-1　我国现行税种分类

1. 流转税

流转税是对流转额征收的税款，是对销售商品或提供劳务征收的一类税额。所谓流转额是指因为发生商品买卖行为而形成的金额，既可以指商品的实物流转额，也可以是货币流转额。流转税对保证国家财政收入有着重要的作用。

2. 所得税

所得税是对所得额的征收。根据税法的规定应当征收的所得额，一般包括下列四个方面。

①有合法来源的所得，包括生产经营所得、提供劳务所得（如工资、薪金、劳务报酬等）、投资所得（如股息、利息等）和其他所得（如遗产继承所得等）。

②货币所得或能以货币衡量与计算其价值的经济所得。但是，不包括荣誉类、知识类的所得等。

③纳税人的纯所得，指纳税人在某一时期的总收入扣除成本、费用及其他费用之后的净所得。

④能增强纳税能力的实际所得，如利息收入，可作为所得税的征收范围。

总的来说，应纳税额就是纳税人在一定时期（通常为一年）的合法总收入扣除成本费用和法律允许扣除的其他各项费用后的余额。所得税对调节国民收入分配，缩小纳税人之间的收入差距有着重要的作用。

3. 资源税

资源税是以自然资源为征税对象的一类税种。征收资源税主要有两个目的，一是取得资源消耗的补偿金，有利于保护国有资源的合理开发；二是调节和分配资源。我国对资源的征税主要包括矿和盐。

4. 财产税

财产税顾名思义就是对财产征收的税额，是对纳税人所拥有或可供支配的财产数量或价值额征收的一类税。财产税对于提高财产的利用效率、限制财产不必要的占有量具有一定作用。

5. 行为税

行为税是对行为进行的征税，一般以某些特定行为为征税对象。征收行为税主要是为了限制和调节某些特定行为，使某些行为适应经济发展的要求。

了解了五大类税种之后，我们再来了解具体的 18 种税，见表 4-1。

表 4-1 我国现行 18 种税

类　型	具体阐述
增值税	是指针对销售货物或提供加工、修理修配劳务和进口货物的单位和个人，就其实现的增值额征收的一类税种。我国一般纳税人常用税率主要有 13%、9%、6% 和零税率四档；小规模纳税人常用征收率为 3%、5%。除此之外，对于某些项目还有特殊的税率和征收率。 其征收范围主要包括以下五大类： ①销售和进口的货物，如有形动产等； ②销售劳务，如加工、修理、修配等； ③销售服务，如交通运输服务、生活服务等； ④销售无形资产，如技术、商标、著作权等； ⑤销售不动产，如建筑物等
消费税	是指以消费品的流转额作为征税对象的一种税。其税率主要根据征税范围的不同而有所不同。 消费税征收范围主要包括烟、酒、高档化妆品、首饰珠宝等在内的 15 类税目
关税	是在引进或出口商品经过关境时，由海关向进口商或出口商所征收的税，可分为进口关税和出口关税。进口关税分为最惠国税率和普通税率等，出口关税一般指出口税
企业所得税	是对我国境内的企业和其他取得收入的组织的生产经营所得及其他所得征收的一种所得税，其税率为 25%
个人所得税	是对个人（即自然人）取得的各项应税所得征税，其征税内容主要包括工资薪金所得、劳务报酬所得，稿酬所得，特许权使用费所得，利息、股息、红利所得，财产租赁所得等。个人所得税的免征额为 5 000.00 元
资源税	是以各种自然资源为征税对象进行征收的一种税
城镇土地使用税	是指国家在城市、县城、建制镇、工矿区范围内，对使用土地的单位和个人，根据其实际占用的土地面积为计税依据，按照规定的税额计算征收的一种税
土地增值税	是对在我国境内转让国有土地使用权、地上建筑物及其附着物的单位和个人，以其转让房地产的增值额为征税对象而征收的一种税
房产税	是以房屋为征税对象，按房屋的价值或租赁收入为计税依据，向产权所有人征收的一种财产税
契税	指不动产（土地、房屋）产权发生转移变动时，就当事人签订契约按产权价格的一定比例向产权承受人（新业主）征收的一次性税收
车辆购置税	是对在境内购置规定车辆的单位和个人征收的一种税

续上表

类　型	具体阐述
车船使用税	是指在我国境内的车辆、船舶的所有人或者管理人按照我国车船税法规定应缴纳的一种税
印花税	是对经济活动和经济交往中书立、领受、使用具有法律效力的凭证的行为所征收的一种税
烟叶税	是向收购烟叶的单位征收的一种税，计征时以收购烟叶实际支付的价款总额为计税依据
环保税	是环境保护税的简称，是为了保护和改善环境，减少污染物排放，推进生态文明建设而对直接向环境排放应税污染物的单位和其他经营者征收的一种税
船舶吨税	是对自我国境外港口进入境内港口的船舶征收的一种税
耕地占用税	是对占用耕地建房或从事其他非农业建设的单位和个人征收的一种税，也以实际占用的耕地面积为计税依据，按照规定的税额计算征收。该税种的征收，可实现合理利用土地资源，保护农用耕地的目的
城市维护建设税	又称城建税，是以纳税人实际缴纳的增值税、消费税税额为计税依据而征收的一种附加税。其税率按照纳税人所在地不同实行差别税率。 ①市区的适用税率为 7%； ②县城、建制镇的适用税率为 5%； ③其他地区的适用税率为 1%

4.1.3　新公司如何进行税务登记

新公司成立之后都需要进行税务登记，税务登记主要有图 4-2 所示的四项流程。

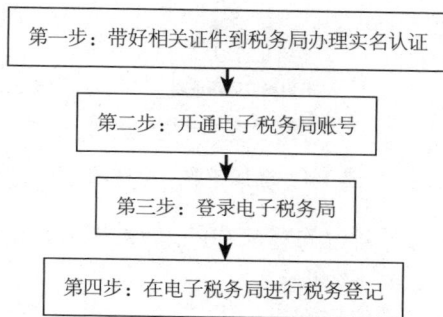

第一步：带好相关证件到税务局办理实名认证

↓

第二步：开通电子税务局账号

↓

第三步：登录电子税务局

↓

第四步：在电子税务局进行税务登记

图 4-2　税务登记流程

现在网络比较便捷，新注册公司进行税务登记不需要在税务局线下办理，可以直接在网络上办理。这里以四川省电子税务局为例，可供参考。

首先，进入国家税务总局四川省税务局官网，在首页单击"四川省电子税务局"选项卡，如图4-3所示。

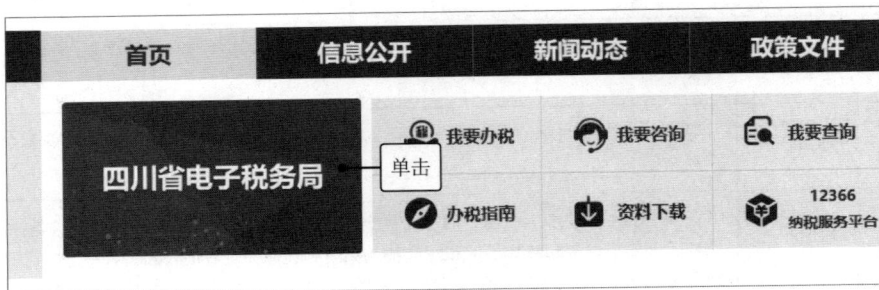

图4-3　在首页单击"四川省电子税务局"选项卡

在打开的页面中即可进行各种网上办税业务，选择任意一个选项，如图4-4所示。

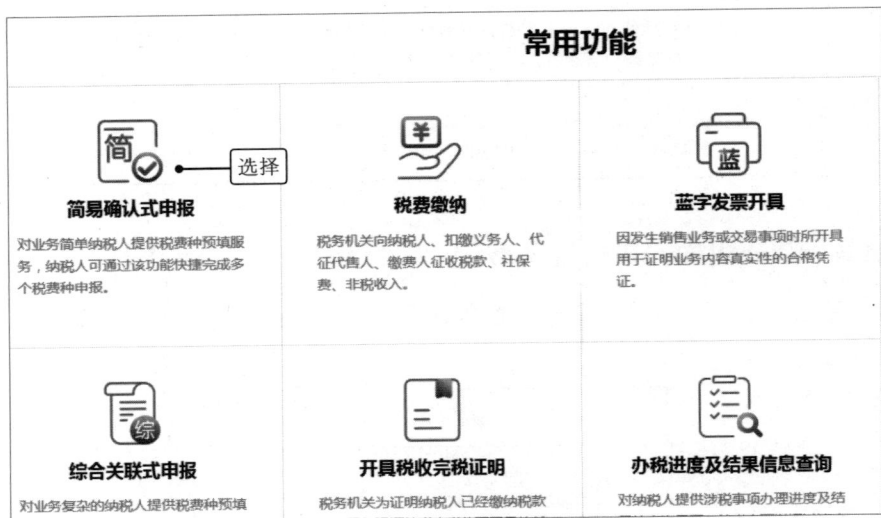

图4-4　选择任意一个选项

在打开的页面中选择对应的登录方式，输入相关的登录信息并进行验证，单击"登录"按钮，如图4-5所示。

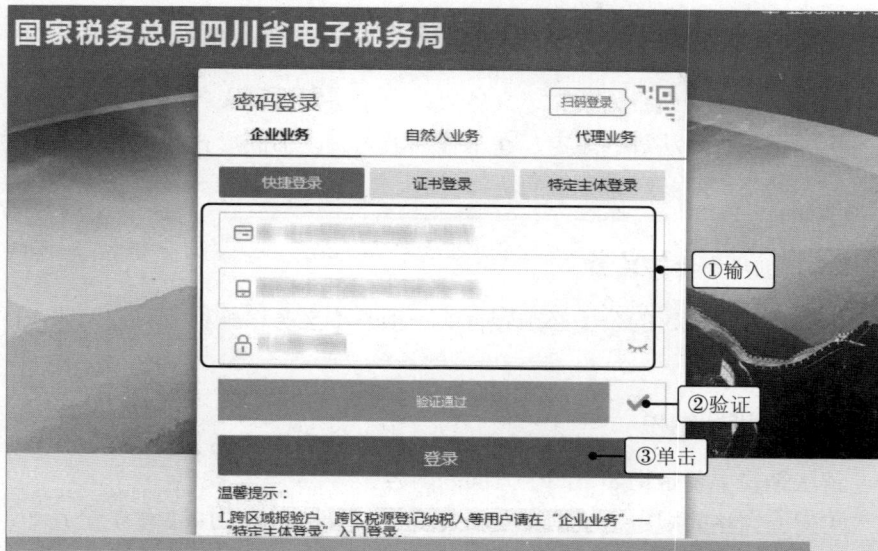

图 4-5 登录电子税务局

进入登录后的页面中，根据自身情况选择一照一码或两证合一新办纳税人套餐服务，如图 4-6 所示。

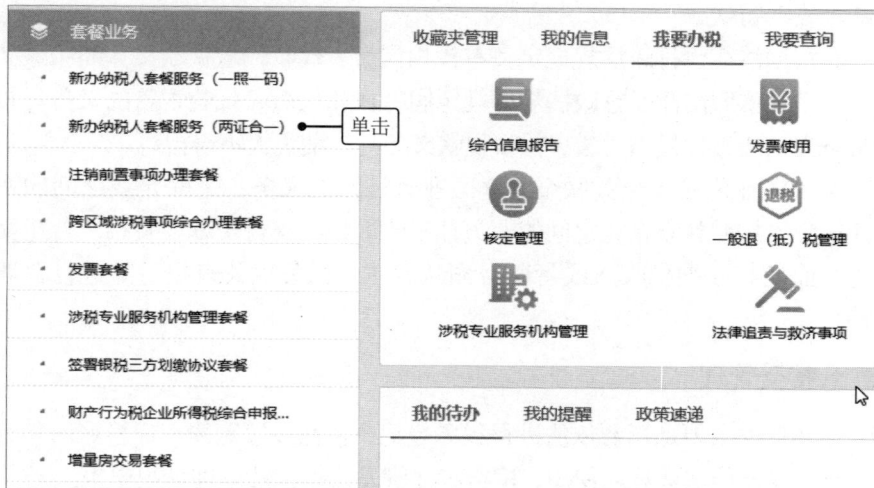

图 4-6 选择"新办纳税人套餐服务"选项

然后在打开的页面根据提示选择或填写相关信息，确认信息后提交即可。

4.2 新公司应如何纳税申报

纳税申报是指纳税人或扣缴义务人在发生法定纳税义务后，按照税法或税务机关相关行政法规的规定，在申报期限内，以书面形式向主管税务机关提交有关纳税事项及应缴税款的法律行为。

4.2.1 遵循纳税人义务

纳税是宪法规定的公民必须履行的一项基本义务，纳税人应遵循以下四项基本义务：

1. 依法进行纳税

依法纳税主要是指如下四个方面的内容：

①遵循宪法的规定，根据《中华人民共和国宪法》（1982年）第五十六条规定："中华人民共和国公民有依照法律纳税的义务。"国家对违反税法，不履行依法纳税义务的，可以按税法规定进行行政、经济处罚等，情节严重的还要追究其刑事责任。

②按时缴纳税款，纳税人必须依照法律、行政法规确定的期限缴纳税款、滞纳金或者罚款。

③根据法律、行政法规规定负有代扣代缴、代收代缴税款义务的扣缴义务人，必须依照法律、行政法规的规定履行代扣代缴、代收税款的义务。扣缴义务人依法履行代扣代缴、代收税款义务时，纳税人不得拒绝。

④依法计价核算与关联企业之间业务往来的义务，关联企业之间的业务往来应当按照独立企业之间的业务往来收取或者支付价款、费用。若违反规定，而使其应纳税收入或者所得额减少的，税务机关有权对其进行合理调整。

2. 接受管理

接受管理主要是指要依法进行税务登记；依法设置账簿、保管账簿和有关资料，以及依法开具、使用、取得和保管发票；依法办理纳税申报。

3. 接受检查

纳税人或扣缴义务人要履行接受税务机关依法进行税务检查的义务，应主动配合税务机关进行检查。如实地向税务机关反映生产经营情况和提供相关资料，不得有所隐瞒和弄虚作假，更不能阻挠、刁难税务机关及其工作人员的检查和监督。

4. 提供信息

纳税人除了通过税务登记和纳税申报向税务机关提供与纳税有关的信息外，还应及时提供其他信息，如纳税人有停业、经营规模扩大、遭受各种灾害等特殊情况的，应及时向税务机关说明，以便税务机关依法进行妥善处理。

4.2.2　纳税申报对象和方式

纳税申报是纳税人履行纳税义务、承担法律责任的主要依据，也是税务机关进行税务管理的一项重要制度。

纳税申报的对象主要是依法向国家税务机关办理了税务登记的纳税人、扣缴义务人和国家税务机关确定的委托代征人。

具体的申报对象主要包括图 4-7 所示的六类。

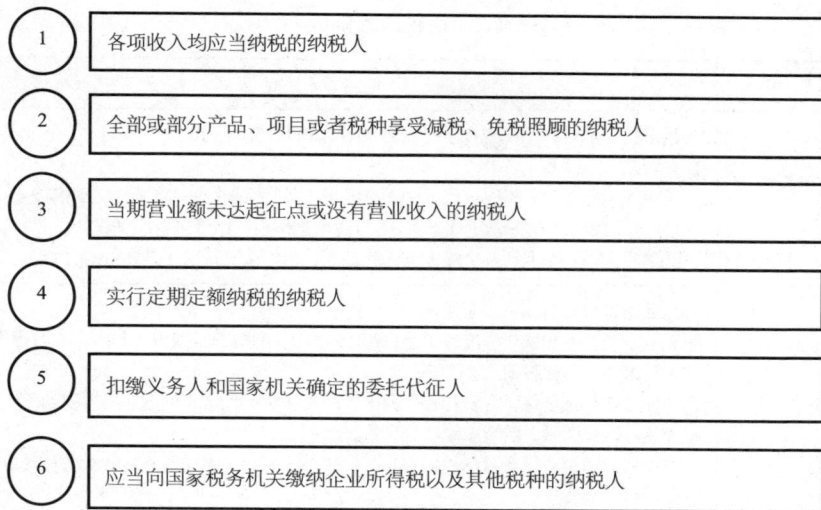

1	各项收入均应当纳税的纳税人
2	全部或部分产品、项目或者税种享受减税、免税照顾的纳税人
3	当期营业额未达起征点或没有营业收入的纳税人
4	实行定期定额纳税的纳税人
5	扣缴义务人和国家机关确定的委托代征人
6	应当向国家税务机关缴纳企业所得税以及其他税种的纳税人

图 4-7　纳税申报的对象

纳税人或是扣缴义务人，可以采取不同的方式进行纳税申报，如邮寄或是数据电文的方式，目前大多采用网上申报方式。

1. 邮寄申报

纳税人采取邮寄方式办理纳税申报的，应当采用统一的纳税申报专用信封，并以邮政部门的收据作为申报凭据。其申报日期以寄出的邮戳日期为实际申报日期。

2. 数据电文申报

数据电文申报是指税务机关确定的电话语音、电子数据交换和网络传输等电子方式。纳税人采取此方式办理纳税申报的，应当按照税务机关规定的期限和要求保存有关资料，并定期书面报送主管税务机关。

除此以外，纳税申报方式还有其他更具体的分类，如定期定额申报、简易申报、简并征期等。

4.2.3 纳税申报期限

纳税申报期限是指税收法律、法规规定或者税务机关依照税收法律、法规的规定确定的纳税人、扣缴义务人向税务机关办理申报和纳税的期限。

不同的税种有不同的特点，其申报期限也不同，主要见表4-2。

表4-2 纳税申报期限

类　　型	具体阐述
增值税和消费税	增值税和消费税的纳税期限分别为1日、3日、5日、10日、15日、1个月或者1个季度。 ①纳税人以1日、3日、5日、10日或者15日为纳税期的，应当自期满之日起五日内预缴税款，并于次月1日起15日内申报纳税，结清上月应纳税款。 ②纳税人以一个月或一个季度为纳税期的，自期满之日起15日内申报纳税
企业所得税	企业所得税分月或者分季预缴。 企业应当自月份或者季度终了之日起15日内，向税务机关报送预缴企业所得税纳税申报表，预缴税款。 企业应当自年度终了之日起五个月内，向税务机关报送年度企业所得税纳税申报表，并汇算清缴，结清应缴应退款。 企业在报送企业所得税纳税申报表时，应当按照规定附送财务会计报告和其他有关资料
个人所得税	个人所得税申报期限不管是扣缴义务人还是自行申报，每月应缴纳的税款都应当在次月15日内申报并缴纳。 个体工商户的生产经营所得需缴纳的个人所得税，按年计算，分月预缴，在月份终了后15日内申报并预缴税款，在年度终了后三个月内汇算清缴

正常情况下纳税人都应按照纳税期限按时缴纳税款，但是如遇到不可抗力情况，办理纳税申报或者代扣代缴时确有困难的，可以在规定的期限内向

主管国家税务机关提出书面延期申请，并提交以下资料，如图 4-8 所示。需要注意，在经过主管国家税务机关核准后才可以延期。

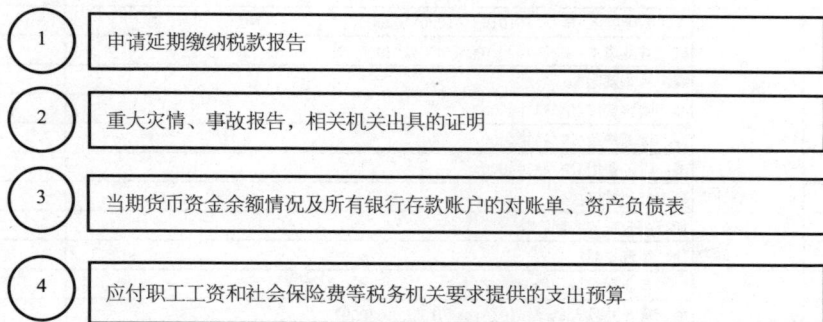

1	申请延期缴纳税款报告
2	重大灾情、事故报告，相关机关出具的证明
3	当期货币资金余额情况及所有银行存款账户的对账单、资产负债表
4	应付职工工资和社会保险费等税务机关要求提供的支出预算

图 4-8　延期报税需提交的资料

在不可抗力情况消除后应向主管国家税务机关报告并及时缴纳税款。

4.2.4　新公司纳税申报流程

公司在进行纳税申报前，需要事先准备好相关资料，主要包括纳税申报表和财务报表及相关资料。缴纳税种的不同，其纳税申报的流程也有区别，具体以实际申报为准。

企业所得税纳税申报表是纳税人（或纳税代理人）办理企业所得税纳税申报的载体工具，也是税务机关征收、检查和分析企业所得税所使用的资料。纳税人需要按照规范要求、固定样式，填报企业所得税纳税申报表，在规定的时间内报送主管税务机关。

企业所得税年度纳税申报表由封面、填报表单和相关申报表组成。根据申报表功能，纳税申报表主要包括八类，分别是基础信息表、主表、财务信息表类、纳税调整表类、弥补以前年度亏损表、税收优惠表类、境外所得表类和汇总纳税表类。

一般情况下，公司只需要填报主表及财务信息表类。当纳税人会计处理与税法规定不一致产生差异，需进行纳税调整时，再填写纳税调整表类；当纳税人发生亏损及弥补以前年度亏损时，再填报弥补以前年度亏损表；其他信息表的填列，以此类推。

此外，企业所得税纳税申报表主要分为 A 类和 B 类，A 类适用查账征收企业，B 类适用核定征收企业，这里以 A 类为例，其模板如图 4-9 所示。

A100000 中华人民共和国企业所得税年度纳税申报表（A类）

行次	类别	项目	金额
1		一、营业收入（填写A101010\101020\103000）	
2		减：营业成本（填写A102010\102020\103000）	
3		减：税金及附加	
4		减：销售费用（填写A104000）	
5		减：管理费用（填写A104000）	
6		减：财务费用（填写A104000）	
7	利润总额计算	减：资产减值损失	
8		加：公允价值变动收益	
9		加：投资收益	
10		二、营业利润（1-2-3-4-5-6-7+8+9）	
11		加：营业外收入（填写A101010\101020\103000）	
12		减：营业外支出（填写A102010\102020\103000）	
13		三、利润总额（10+11-12）	
14		减：境外所得（填写A108010）	
15		加：纳税调整增加额（填写A105000）	
16		减：纳税调整减少额（填写A105000）	
17		减：免税、减计收入及加计扣除（填写A107010）	
18	应纳税所得额计算	加：境外应税所得抵减境内亏损（填写A108000）	
19		四、纳税调整后所得（13-14+15-16-17+18）	
20		减：所得减免（填写A107020）	
21		减：弥补以前年度亏损（填写A106000）	
22		减：抵扣应纳税所得额（填写A107030）	
23		五、应纳税所得额（19-20-21-22）	
24		税率（25%）	
25		六、应纳所得税额（23×24）	
26		减：减免所得税额（填写A107040）	
27		减：抵免所得税额（填写A107050）	
28		七、应纳税额（25-26-27）	
29		加：境外所得应纳所得税额（填写A108000）	
30	应纳税额计算	减：境外所得抵免所得税额（填写A108000）	
31		八、实际应纳所得税额（28+29-30）	
32		减：本年累计实际已缴纳的所得税额	
33		九、本年应补（退）所得税额（31-32）	
34		其中：总机构分摊本年应补（退）所得税额（填写A109000）	
35		财政集中分配本年应补（退）所得税额（填写A109000）	
36		总机构主体生产经营部门分摊本年应补（退）所得税额（填写A109000）	
37	实际应纳税额计算	减：民族自治地区企业所得税地方分享部分：（□ 免征 □ 减征:减征幅度 %）	
38		十、本年实际应补（退）所得税额（33-37）	

图 4-9　企业所得税纳税申报表 A 类

　　下面以电子税务局申报为例。登录电子税务局之后，其步骤如图 4-10 所示。

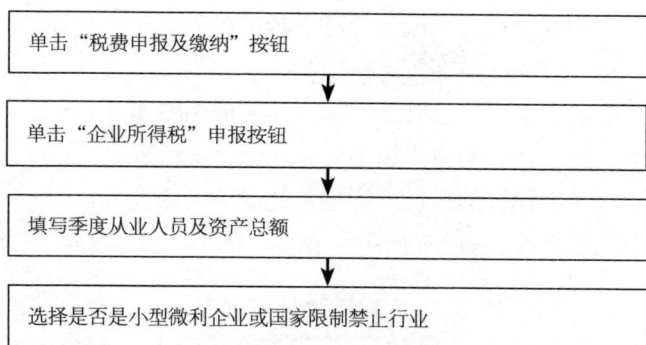

图 4-10　所得税申报流程

接下来，再根据财务报表填写营业收入、营业成本、利润总额等信息，按照相关提示进行申报即可，公司未涉及的可不填。

4.3　新公司发票管理

发票是指一切单位和个人在购销商品、提供或接受服务，以及从事其他经营活动时，所开具和收取的业务凭证，是会计核算的原始依据，也是审计机关、税务机关执法检查的重要依据。

4.3.1　认识发票

发票在我国社会经济活动中具有极其重要的意义和作用，主要体现在以下三个方面：

①发票具有合法性、真实性、及时性等特征，是最基本的会计原始凭证之一。

②发票是记录经济活动内容的载体，是公司财务管理的重要工具。

③发票是税务机关控制税源、征收税款的重要凭据。

④发票是国家监督经济活动，维护经济秩序，保护国家财产安全的重要手段。

我国发票的类型主要包括普通发票和增值税专用发票，具体介绍如下：

1. 普通发票

普通发票是指在购销商品、提供或接受服务及从事其他经营活动中，所开具和收取的收付款凭证，它是相对于增值税专用发票而言的。其使用对象主要是增值税小规模纳税人（以下简称小规模纳税人），增值税一般纳税人在不能开具专用发票的情况下也可使用普通发票。

普通发票的内容主要包括以下三项，其模板如图 4-11 所示。

①购买单位的名称、纳税人识别号、地址、电话等。

②销售单位的名称、纳税人识别号、地址、电话等。

③货物或应税劳务、服务的名称、数量、税率、金额等。

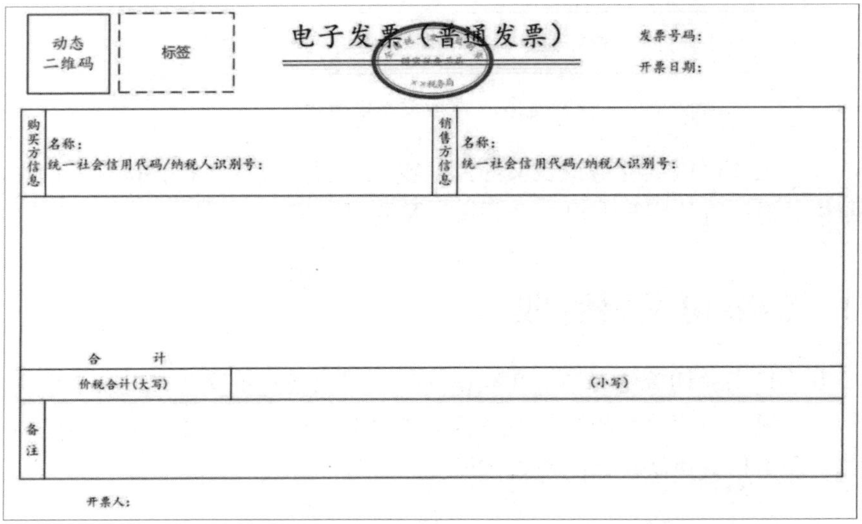
动态二维码
标签
电子发票（普通发票）
发票号码：
开票日期：
购买方信息
名称：
统一社会信用代码/纳税人识别号：
销售方信息
名称：
统一社会信用代码/纳税人识别号：
合　　计
价税合计(大写)
(小写)
备注
开票人：

图 4-11　电子发票（普通发票）

常见普通发票其基本联一般分为两联，各联次作用见表 4-3。

表 4-3　增值税普通发票各联次作用

联　次	名　称	作　用
第一联	记账联	是销售方的记账凭证
第二联	发票联	是购买方的记账凭证

此外，为满足部分纳税人的需要，在基本联次后又添加了三联的附加联次，即五联票，供选择使用。

2. 增值税专用发票

增值税专用发票是国家税务部门根据增值税征收管理需要设定的，专用于一般纳税人销售或提供增值税应税项目的一种发票。

增值税专用发票既具有普通发票所具有的内涵，同时还具有比普通发票更特殊的作用，主要体现在以下两点：

①增值税专用发票既是商事凭证，也是完税凭证。起到证明销货方纳税义务和购货方进项税额的作用。

②增值税专用发票使货物从生产到消费整个过程的各个环节都串联起来，依据专用发票上注明的税额，让税款从上一个经营环节传递到下一个经营环节，体现了增值税普遍征收和公平税负的特征。

由于增值税专用发票的作用更特殊，其基本联次也比普通发票多一联，各联次作用见表 4-4。

表 4-4　增值税专用发票各联次作用

联　次	名　称	作　用
第一联	记账联	是销售方的记账凭证
第二联	抵扣联	是购买方的扣税凭证
第三联	发票联	是购买方的记账凭证

增值税专用发票的内容大致和普通发票相同，其常见模板如图 4-12 所示。

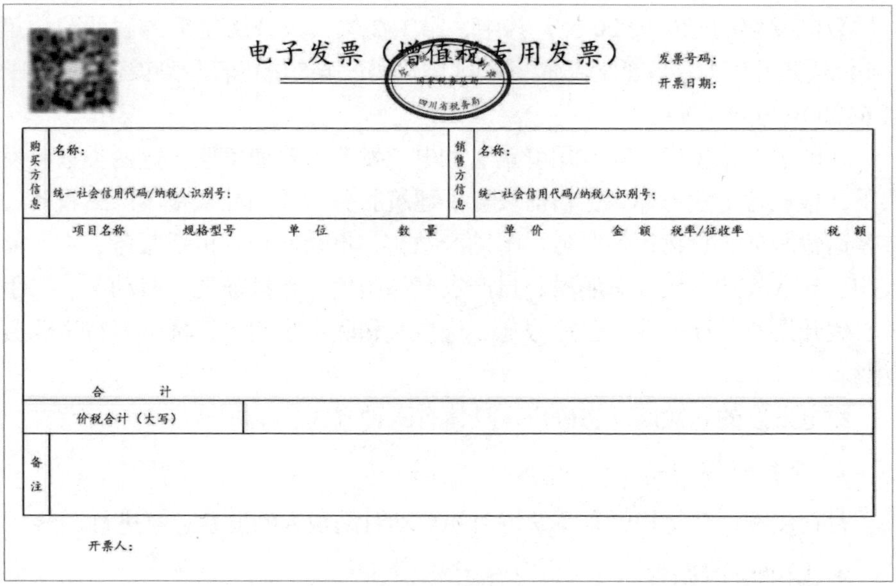
电子发票（增值税专用发票）
发票号码：
开票日期：

购买方信息	名称： 统一社会信用代码/纳税人识别号：	销售方信息	名称： 统一社会信用代码/纳税人识别号：

项目名称	规格型号	单位	数量	单价	金额	税率/征收率	税额
合　计							
价税合计（大写）							
备注							

开票人：

图 4-12　增值税电子专用发票常见模板

4.3.2　数电发票的使用

在没有实行数电发票前，纳税人需要申领发票，其间需要进行信息实名认证、增值税税种认定、发票票种和票量核定、发票最高开票限额审批及购买税控设备等。

数电发票实行后，纳税人可以通过电子发票服务平台随时开具和查询发票，提高了办税效率和准确性，也提升了税务管理的现代化水平。那么，什么是数电发票呢？数电发票即全面数字化的电子发票，是电子发票的一种升级版本，代表了税务系统从"以票控税"到"以数治税"的重要转变。

数电发票将发票的票面要素全面数字化，号码全国统一赋予，开票额度智能授予，信息通过税务数字账户等方式在征纳主体之间自动流转。

与前期的防伪税控发票相比，数电发票实现了全面的数字化，将多个联次改为单一联次，将依赖纸质形态存在改为依赖数字形态存在，将线下申请领用介质后使用改为在线实名认证后使用。

数电发票与纸质发票具有同等法律效力，其票面基本内容包括发票名称、发票号码、开票日期、购买方信息、销售方信息、项目名称、规格型号、单位、数量、单价、金额、税率/征收率、税额、合计、价税合计、备注和开票人等。具体样式已经在 4.3.1 节展示。

数电发票的号码为 20 位，其中，第 1~2 位代表公历年度的后两位；第 3~4 位代表开票方所在的省级税务局区域代码；第 5 位代表开具渠道等信息；第 6~20 位为顺序编码。

在电子发票（增值税专用发票）和电子发票（普通发票）这两类数电发票下，根据特定业务标签，目前设置了建筑服务、成品油、报废产品收购、旅客运输服务、货物运输服务、不动产销售、不动产经营租赁服务、农产品收购、光伏收购、代收车船税、自产农产品销售、差额征税、机动车、二手车、代开发票、通行费、医疗服务、拖拉机和联合收割机、稀土等特定业务发票。

数电发票的总额度动态确定，具体有四种方式。

◆　月初赋额调整

月初赋额调整是指信息系统每月初自动对纳税人的发票总额进行调整。

◆　赋额临时调整

赋额临时调整是指纳税信用良好的纳税人，当月开具发票金额首次达到当月发票总额度的一定比例时，信息系统自动为其临时调增一次当月发票总额度。比如，2025 年 3 月初成立的公司，初始发票额度为 700.00 万元。2025 年 3 月中旬，公司销售额增加，至 3 月 20 日，实际已使用额度达到560.00 万元（达到当月发票总额度的一定比例），经信息系统自动风险扫描无问题后，为公司临时增加当月发票总额度至 850.00 万元。

又或者，至 3 月 20 日，实际已使用额度达到 550.00 万元，未触发信息系统临时调整，3 月 21 日，公司因经营需要，需开具一份金额为 200.00 万元的数电发票，在填写发票信息时，因累计金额达到 750.00 万元（达到当月发票总额度的一定比例），经信息系统自动风险扫描无问题后，为公司临时增加当月发票总额至 850.00 万元。

　　◆　赋额定期调整

赋额定期调整是指信息系统自动对纳税人当月发票总额度进行调整。比如，2024 年 7 月初成立的公司，初始发票额度为 700.00 万元，根据该公司实际经营情况及 7 至 12 月各月发票额度的使用情况，2025 年 1 月初信息系统将其当月发票总额度调整至 850.00 万元。

　　◆　人工赋额调整

人工赋额调整是指纳税人因实际经营情况发生变化而申请调整发票总额度，主管税务机关确认未发现异常的，为纳税人调整发票总额度。

比如，公司 2025 年 3 月初发票总额度为 700.00 万元，因销售额增加，信息系统为该公司临时调增当月发票总额度至 850.00 万元，但仍然无法满足该公司本月开票需求，公司根据实际经营情况，向主管税务机关申请调增当月发票总额度至 1 000.00 万元，主管税务机关确认未发现异常后，相应调增该公司当月发票总额度。

4.4　新公司常见税务问题

新成立的公司在税务上可能会存在很多问题和误区，也有一些需要注意的地方，本节就来了解一些常见的税务问题。

4.4.1　暂时没有收入，还要报税吗

新公司在成立初期可能暂时没有收入，此时一些公司可能会误以为不用

报税，这可能是混淆了"缴税"与"报税"的概念，两者概念不同。

"缴税"是指企业向国家税务机构缴纳税款的行为和过程；而"报税"是指企业向税务部门申报其经营状况。

报税是税务部门对企业进行征税、稽查的依据，所以即使没有收入，也要报税，以便税务机关可以及时了解企业的经营状况。

其次，报税也具有强制性的特征，从税务登记之日起，企业必须在规定的时间内建立账册并进行每月纳税申报，没有收入的也需要进行零申报，否则税务部门将会根据其延期申报的天数进行处罚。

4.4.2 选择小规模纳税人还是一般纳税人

纳税人一般分为小规模纳税人和一般纳税人，新公司应该如何选择呢？先来了解这两者的区别，主要有表 4-5 所示的六点。

表 4-5 小规模纳税人与一般纳税人的区别

区 别	一般纳税人	小规模纳税人
税 率	一般适用 13%、9%、6% 和零税率四档	主要适用 3% 的征收率
发票使用	销售货物可以抵扣进项税额	销售货物不予抵扣进项税额
应交税额计算	按销项税与进项税的差额纳税	按销售额直接乘以征收率计算
账务处理	按全额计入成本，且账务处理必须严格按照国家统一会计制度的规定来设置账本	按价税合计计入成本，其账务处理流程相对宽松
申报期	按月进行纳税申报	按季度进行纳税申报
计税方法	一般计税	简易计税

若公司选择成为小规模纳税人，进项税额不予抵扣，在销项税相同的情况下，相对一般纳税人来说交税更多，但是若小规模纳税人的销售额超过了小规模的标准，可以向主管税务机关申请一般纳税人资格认定。

税收优惠可能是企业比较关注的问题。为了鼓励小微企业发展，减轻小微企业的负担，我国出台了一系列税收优惠政策。

根据《国家税务总局关于增值税小规模纳税人减免增值税等政策有关征管事项的公告》显示，小规模纳税人适用的优惠政策主要有：

　　小规模纳税人发生增值税应税销售行为，合计月销售额未超过 10.00 万元（以 1 个季度为 1 个纳税期的，季度销售额未超过 30.00 万元）的，免征增值税。

　　小规模纳税人发生增值税应税销售行为，合计月销售额超过 10.00 万元，但扣除本期发生的销售不动产的销售额后未超过 10 万元的，其销售货物、劳务、服务、无形资产取得的销售额免征增值税。

　　税费优惠政策也会不定期更新，公司可自行查询最新优惠政策。若公司选择成为一般纳税人，也有如下一些优势：

　　①发生的增值税进项税额是可以抵扣的，相对于小规模纳税人来说，其税负更合理。

　　②公司本身可以自行开具增值税专用发票。

　　③因为一般纳税人公司具有一定的规模，其更容易与其他公司实现合作，有利于自身的发展。

　　综上所述，公司可以根据自身情况选择适合的纳税人身份，但是，不管是小规模纳税人还是一般纳税人，都应履行纳税人的义务和责任。

4.4.3　新公司税收优惠

　　税收优惠是国家运用税收政策在税收法律法规中对某一部分特定公司和课税对象给予减轻或免除税收负担的一种措施。但是不同行业的公司，以及不同税种优惠内容都不同。

　　财税人员可以进入国家税务总局官网查询相应的税收优惠政策。在官网首页"专题专栏"栏目下单击"税收优惠政策"选项卡，如图 4-13 所示。

图 4-13　单击"税收优惠政策"选项卡

在打开的页面中找到"政策文件"，单击"更多"超链接，如图4-14所示。

政策文件

部 税务总局关于2024年度享受… | •财政部关于延续实施文化事业建设费优惠政策的通知

布《免征车辆购置税的设有固定… | •财政部 海关总署 税务总局关于调整海南自由贸易港原辅料"零关税…

家税务总局 国家能源局关于调… | •财政部 税务总局 民政部关于2024年度—2026年度和2025年度—2027…

海外仓发展出口退（免）税有关… | •财政部 税务总局关于在全国范围实施个人养老金个人所得税优惠政策…

单击 ——【更多】

图 4-14　单击"更多"超链接

在新页面中即可查看相应的税收优惠政策，选择适用的政策为公司减轻税负。

4.4.4　税务机关会检查哪些税务项目

税务检查是税收征收管理的一个重要环节，它是指税务机关依法对纳税人履行纳税义务和扣缴义务人履行代扣、代收税款义务的状况进行的监督检查。

通过税务检查既有利于全面贯彻国家的税收政策，加强对偷税、漏税和逃税等违法行为的监督，也有利于帮助纳税人端正经营方向，促使其加强经济核算，提高经济效益。

纳税人或扣缴义务人必须接受税务机关依法进行的税务检查，如实反映情况，提供有关资料，不得拒绝和隐瞒。在税务机关依法进行税务检查时，有关部门和单位应当予以支持、协助。

对于新公司来说，需要了解税务检查的项目有哪些，检查的范围及税务检查的方法，方便提前保存好相关资料以备检查。下面就来详细了解。

1. 税务检查内容

税务检查的内容主要包括图4-15所示的四个方面。

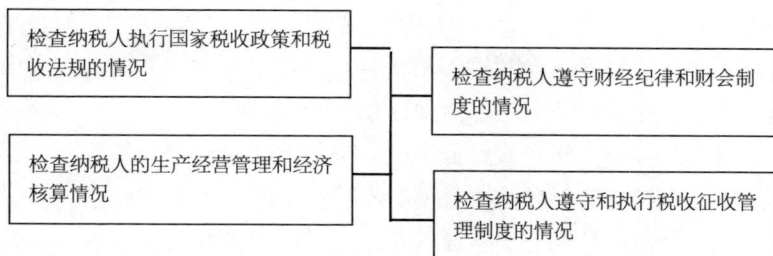

图 4-15　税务检查的内容

2. 税务检查范围

税务检查范围主要涉及如下四项内容：

①检查纳税人的账簿、记账凭证、报表及有关资料；检查扣缴义务人代扣代缴、代收代缴税款账簿、记账凭证及有关资料。

②通知纳税人、扣缴义务人提供与纳税或代扣代缴、代收代缴税款有关的文件、证明材料及有关资料。

③询问纳税人、扣缴义务人与纳税或代扣代缴、代收代缴税款有关的问题和情况。

④检查纳税人托运、邮寄的应纳税商品、货物或其他财产的有关单据、凭证及有关资料。

经县以上税务局（分局）局长批准，凭全国统一格式的"检查存款账户许可证明"，查询从事生产、经营的纳税人或扣缴义务人在银行或者其他金融机构的存款账户。

3. 税务检查的方法

税务检查主要包括以下三种方法：

①税务查账，是对纳税人的会计凭证、账簿、报表及银行存款账户等核算资料所反映的纳税情况进行检查，也是税务检查最常用的方法。

②实地调查，是对纳税人账外情况进行的现场调查。

③税务稽查，是对纳税人的应税货物进行检查。

4.4.5　虚开发票是违法行为

虚开发票是指不如实开具发票的一种舞弊行为，纳税单位或个人为了达到偷税的目的，在商品交易过程中开具发票时，在商品名称、商品数量、商品单价及金额上采取弄虚作假的手法，甚至利用熟悉的关系虚构交易事项进行虚开发票。虚开发票行为主要体现在如下四个方面：

①为他人开具与实际经营业务情况不符的发票。

②为自己开具与实际经营业务情况不符的发票。

③让他人为自己开具与实际经营业务情况不符的发票。

④介绍他人开具与实际经营业务情况不符的发票。

虚开发票是违法行为，公司作为纳税人应该按照真实的交易情况来开具发票，切记不要投机取巧，铤而走险。

第5章

严控资金使用：做好预算与成本控制

预算和成本控制是每个公司经营发展过程中必不可少的两个环节，只有做好预算与成本控制才有利于公司的可持续发展。

5.1 新公司预算与成本控制概述

公司想要最大限度地实现盈利，除了可以改变商品价格、质量、服务等指标外还需要做好财务管理与成本控制。

5.1.1 为什么要进行预算与成本控制

财务预算是公司对未来一段时间内的财务状况、经营成果，以及现金收支等所作的规划，是全面预算体系中的重要组成部分，其重要作用如下所述。

1. 财务预算可以使决策目标更具体化和系统化

在财务管理中，预算可以全面、综合地协调公司各部门的关系与职能，从而使各部门更好地协作，服务于公司的经营目标；同时，财务预算还能使公司的决策目标更具体化，能够使各部门及人员了解公司的发展目标。

2. 财务预算有助于财务目标的顺利实现

通过财务预算，使得对公司财务状况的评价有了一个标准，可以反映公司的实际经营情况与预算情况的差别，便于及时发现问题和调整偏差，使公司的经济活动按预定的目标进行，有助于实现公司的财务目标。

此外，财务预算也是成本控制的基础，想要控制好成本，也需要加强预算管理。那么什么是成本控制呢？成本控制就是一味地节约成本吗？

显然不是。成本控制是为了将公司的成本控制在预算范围内，是根据预算对实际成本进行检测，再根据实际或潜在的偏差，制定出保持成本与目标相符的措施，主要有以下三方面的意义：

1. 成本控制可以增加公司的盈利

成本控制与公司的经营目标是息息相关的，在其他因素不变的情况下，降低成本是可以增加利润的，是公司生存的保障。

2. 成本控制是公司发展的基础

公司成本降低了，可以进行降价促销，增加收入，从而为提高产品质量，进行产品创新奠定基础。

3. 有利于改善公司经营管理能力

公司的生产经营活动和管理水平也会影响产品成本。实行成本控制，有利于建立和完善相关的控制标准和制度，加强各项管理工作的落实，促进公司成本管理的有效进行。

财务预算与成本控制是息息相关的，只做预算不控制成本的话，容易导致公司成本过高，利润减少；只是一味地节约成本，只靠节约成本来增加盈利，对公司发展来说不是长久之计。

5.1.2 公司预算与成本控制的内容是什么

新公司想要做好财务预算与成本控制，必须要知道预算与成本控制的内容分别是什么，才好采取相关措施。

1. 预算的内容

预算是每个公司在生产经营过程中都会进行工作，主要包括经营预算、投资预算和财务预算。本节主要介绍经营预算和财务预算两项。

经营预算主要包括销售预算、生产预算、直接材料预算、直接人工预算、制造费用预算和产品成本预算等，具体内容见表5-1。

表 5-1　经营预算的内容

内　容	具体阐述
销售预算	销售预算是公司对预计销售量和售价的保守估计，一般预算的编制起点，生产、材料采购等方面的预算，都要以销售预算为基础
生产预算	生产预算是指按产品分类编制的，根据公司在预算期内的产品生产活动，确定产品生产数量及其分布状况的预算

续上表

内　容	具体阐述
直接材料预算	直接材料预算是反映公司预算期内直接材料的需用量和采购量的经营预算
直接人工预算	直接人工预算是指对公司预算期内的人工工时消耗和人工成本所做的经营预算
制造费用预算	制造费用预算是反映除直接材料、直接人工以外的其他一切生产费用的预算
产品成本预算	产品成本预算是指公司一定预算期内每种产品的单位成本、生产成本、期末存货、销售成本等日常业务的预算

　　财务预算的内容主要包括现金预算、预计资产负债表和预计利润表，具体介绍如下：

◆　现金预算

　　现金预算表主要是关于预计现金收支的一种表格，其形式见表 5-2。

表 5-2　现金预算表简表

单位：万元

现金项目	第一季度	第二季度	第三季度	第四季度	全年
期初现金余额					
加：现金收入					
可用现金合计					
减：现金支出					
直接材料					
直接人工					
制造费用					
销售及管理费用					
所得税费用					
现金支出合计					
现金溢余或短缺					

续上表

现金项目	第一季度	第二季度	第三季度	第四季度	全年
取得短期借款					
偿还短期借款					
支付借款利息					
期末现金余额					

◆ 预计资产负债表

预计资产负债表是一种反映公司在预算期间财务状况的财务预算表，是在期初资产负债表的基础上，再根据有关预算数据，如销售、生产等数据进行调整而形成的。其形式见表 5-3。

表 5-3 预计资产负债表简表

单位：万元

资产			负债及所有者权益		
项目	期初	期末	项目	期初	期末
现金			短期借款		
应收账款			应付账款		
存货			预收账款		
其他流动资产			其他流动负债		
固定资产			长期借款		
			负债合计		
			盈余公积		
资产合计			负债和所有者权益合计		

◆ 预计利润表

预计利润表是一种综合反映公司在预算期间经营成果的财务预算表，根据销售、产品成本等预算的相关数据编制，其形式见表 5-4。

表 5-4　预计利润表简表

单位：万元

项　目	金　额
销售收入	
销售成本	
销售毛利	
销售及管理费用	
利息	
利润总额	
所得税费用	
净利润	

需要注意的是，每个公司的现金预算表、预计资产负债表和预计利润表可能不完全一样，这里仅供参考说明。

2. 成本控制的内容

成本是公司为进行生产经营活动或达到一定的经济目的而耗费的资源。成本的分类标准不止一种，按其经济用途可以将其分为生产成本和期间费用两部分。

生产成本是指公司为生产产品，在生产过程中所发生的各项费用支出，主要包括直接材料、直接人工和制造费用三项。这部分费用将直接归集到某种产品上，即为产品的直接成本。

期间费用是指公司日常活动发生的不能计入特定核算对象的成本，而应计入发生当期损益的费用，通常包括管理费用、财务费用和销售费用三项。

①管理费用是指公司的行政管理部门或管理人员为组织和管理公司的经营活动而发生的费用。

②财务费用是指公司为筹集资金等财务活动而发生的各项费用。

③销售费用是指公司为销售产品而发生的各项费用。

5.2 新公司怎样进行经营预算

公司经营预算主要是通过编制相关预算表来体现的，下面就来了解各项预算表的详细内容。

5.2.1 如何进行销售预算

公司的销售预算是以销售预测为基础，其预测的主要依据是各种产品的历史销量，结合市场中各种产品发展前景等资料，按产品类别、地区、顾客和其他项目等分别编制，然后进行汇总、分析。公司进行销售预算主要具有以下四方面的作用：

①可以使公司的销售计划、销售定额更清晰和集中。

②有助于促使公司各职能部门协调合作。

③有助于保持销售成本与计划成本之间的平衡。

④为公司销售目标提供了一个评估工具。

销售预算表的编制比较简单，可以根据其未来期间的预计销售量和销售单价，计算出预计销售收入，即预计销售收入 = 预计销售量 × 预计销售单价。

销售预算表其模板大致见表 5-5，不过不同公司其预算表的内容不完全相同。

表 5-5 销售预算表

单位：元

销售产品		年　度				全年
		第一季度	第二季度	第三季度	第四季度	
A 产品	预计销售量					
A 产品	预计售价					
A 产品	销售收入					
A 产品	预计现金收入					
A 产品	上年应收账款					
现金收入合计						

下面通过一个案例来说明销售预算表的编制。

实例分析

编制某公司 A 产品年度销售预算表

表 5-6 为某公司 A 产品的年度销售预算表。

表 5-6　某公司 A 产品年度销售预算表

单位：元

销售产品		年　度				全年
		第一季度	第二季度	第三季度	第四季度	
A 产品	预计销售量（件）	900	1 200	1 500	2 000	5 600
A 产品	预计售价	50.00	50.00	50.00	50.00	50.00
A 产品	销售收入	45 000.00	60 000.00	75 000.00	100 000.00	280 000.00
A 产品	预计现金收入	45 000.00	60 000.00	75 000.00	100 000.00	280 000.00
A 产品	上年应收账款	0	0	0	0	0
A 产品	现金收入合计	45 000.00	60 000.00	75 000.00	100 000.00	280 000.00

根据预计销售量和预计售价，可以得出 A 产品的销售收入；根据其取得收入的方式可以得知全年的预计现金收入。

5.2.2　如何进行生产预算

生产预算是根据公司的销售预算来编制的，在制定好销售计划之后，为满足预算期的销量及期末存货所需的资源，需进行生产预算。生产预算计算公式如下：

预计生产量 = 预计销售量 + 预计期末存货 − 预计期初存货

注意，生产计划期间除必须有足够的产品以供销售之外，还需要考虑到计划期期初和期末存货的预计水平，以避免存货太多形成积压，或存货太少影响下期销售。

一般来说，期末产成品的存货量是按照下期销售量的百分比来确定的，例如，预计期末存货占销售量的百分比为 10%，则当下期预计销售量为 100 件的时候，则预计期末产成品存货为 10 件。

生产预算表模板见表 5-7。

表 5-7　生产预算表

单位：件

生产产品	第一季度	第二季度	第三季度	第四季度	全年
预计销售量					
加：预计期末存货量					
合　计					
减：预计期初存货量					
本期预计生产量					

下面通过一个案例来说明生产预算表的编制。

实例分析

编制某公司年度生产预算表

表 5-8 为某公司年度生产预算表，且假定该公司期末存货占下一期销售量的百分比为 10%，年初存货量为 10 件，年末存货 80 件。

表 5-8　某公司年度生产预算表

单位：件

生产产品	第一季度	第二季度	第三季度	第四季度	全年
预计销售量	300	400	500	600	1 800
预计期末存货量	40	50	60	80	80
合　计	340	450	560	680	1 880
预计期初存货量	10	40	50	60	10
本期预计生产量	330	410	510	620	1 870

根据表 5-8 中的预计销售量加上预计期末存货量再减去预计期初存货量，就可以得出该公司年度预计生产量。

5.2.3　如何进行直接材料预算

直接材料预算一般包括预计生产量、单位产品材料用量、生产需用量、预计期末存量、预计期初存量、预计材料采购量、单价和预计采购金额等。其模板见表 5-9。

表 5-9　直接材料预算表

生产产品	第一季度	第二季度	第三季度	第四季度	全年
预计生产量（件）					
单位产品材料用量（千克/件）					
生产需用量（千克）					
加：预计期末存量（千克）					
合计					
减：预计期初存量（千克）					
预计材料采购量（千克）					
单价（元）					
预计采购金额（元）					
合计（元）					

其中，预计生产量来源于生产预算表，单位产品材料用量表示每一件产品所需要消耗的原料数量，生产需用量是预计生产量和单位生产材料用量之积，预计期末存量通常是下期生产需用量的一定比例，预计期初存量是本期预计上期要剩下的材料量。

预计材料采购量 = 生产需用量 + 预计期末存量 − 预计期初存量

预计采购金额 = 材料单价 × 预计材料采购量

直接材料预算是以生产预算为基础来编制的，其涉及的方面比较多，在进行预算编制的时候需要仔细一点。

下面通过一个案例来说明直接材料预算表的编制。

实例分析
编制某公司直接材料预算表

假设某公司第一季度、第二季度、第三季度、第四季度的预计生产量分别为 320 件、420 件、520 件、630 件，以此来编制材料预算表。

假设单位产品材料耗用量为 10 千克 / 件，预计期末存量分别为 200 千克、240 千克、300 千克、350 千克，预计期初存量分别为 150 千克、200 千克、300 千克、320 千克，单价为 3.00 元。则可以得出该公司一季度的数据如下：

①生产需用量 =320×10=3200（千克）

②合计生产需用量 =3200+200=3400（千克）

③预计材料采购量 =3400-150=3250（千克）

④预计采购金额 =3250×3=9 750.00（元）

后面几个季度也依次计算，便可以得出该公司材料预算表，见表 5-10。

表 5-10　某公司材料预算表

生产产品	第一季度	第二季度	第三季度	第四季度	全年
预计生产量（件）	320	420	520	630	1 890
单位产品材料用量（千克 / 件）	10	10	10	10	10
生产需用量（千克）	3 200	4 200	5 200	6 300	18 900
预计期末存量（千克）	200	240	300	350	350
合计	3 400	4 440	5 500	6 650	—
预计期初存量（千克）	150	200	240	300	150
预计材料采购量（千克）	3 250	4 240	5 260	6 350	19 100
单价（元）	3	3	3	3	3
预计采购金额（元）	9 750.00	12 720.00	15 780.00	19 050.00	57 300.00
合计（元）	57 300.00				

5.2.4　如何进行直接人工预算

产品的生产离不开人员的操作，直接人工预算也是公司经营预算的重要内容，直接人工预算表的编制要以生产预算为基础。

直接人工预算的主要内容包括预计生产量、单位产品工时、所需总工时、每小时人工成本和人工总成本。

其中"预计生产量"数据来自公司的生产预算，再结合公司的单位产品工时和人工成本就可以计算得出人工总成本预算。公司直接人工预算表模板见表 5-11。

表 5-11　直接人工预算表

人工费用	第一季度	第二季度	第三季度	第四季度	全年
预计生产量（件）					
单位产品工时（小时/件）					
所需总工时（小时）					
每小时人工成本（元/小时）					
人工总成本（元）					

下面通过一个案例来说明直接人工预算表的编制。

实例分析
编制某公司直接人工预算表

某公司预计产量第一季度到第四季度分别为 200 件、260 件、320 件和 400 件；其单位产品工时为 5 小时/件；每小时人工成本为 10 元/小时。

根据以上资料可以得出该公司的人工预算表，见表 5-12。

表 5-12　人工预算表

人工费用	第一季度	第二季度	第三季度	第四季度	合计
预计生产量（件）	200	260	320	400	1 180
单位产品工时（小时/件）	5	5	5	5	5
所需总工时（小时）	1 000	1 300	1 600	2 000	5 900
每小时人工成本（元/小时）	10.00	10.00	10.00	10.00	10.00
人工总成本（元）	10 000.00	13 000.00	16 000.00	20 000.00	59 000.00

5.2.5 如何进行制造费用预算

制造费用预算可以分为固定制造费用和变动制造费用两部分。其中固定制造费用是指为制造产品所付出的固定的成本费用，其内容主要包括管理人员工资、折旧费、办公费等。

变动制造费用是指与产品数量之间存在依存关系，与产量变动成正比的那部分制造费用，主要包括间接材料、间接人工、维修费、水电费等。制造费用预算表模板见表 5-13。

表 5-13 制造费用预算表

单位：元

生产材料	第一季度	第二季度	第三季度	第四季度	全年
固定制造费用					
管理人员工资					
折旧费					
办公费					
变动制造费用					
间接材料					
间接人工					
维修费					
水电费					

一般除了制造业之外，普通公司的制造费支出虽然都不大，但是必不可少的一部分开支，因此从全面预算的角度出发，也需要编制制造费用预算表。制造费用预算表可直接根据相关项目的数额填列即可，这里不再赘述。

5.2.6 如何进行产品成本预算

产品成本预算是前面所述的销售预算、生产预算、直接材料预算、直接人工预算、制造费预算的一个汇总。其主要内容包括产品的总成本与单位成本。其中，总成本又分为生产成本、销货成本和期末库存成本。

产品成本预算表模板见表 5-14。

表 5-14　产品成本预算表简表

金额单位：元

项目名称	单位成本	投入量	总成本	生产成本	期末存货	销货成本
直接材料						
直接人工						
变动制造费用						
固定制造费用						
合计						

下面通过一个案例来说明产品成本预算表的编制。

实例分析

编制某公司产品成本预算表

某公司为生产 B 产品所耗费的成本如下：

①直接材料的单位成本为 5.00 元 / 千克，投入为 10 千克。

②直接人工的单位成本 12.00 元 / 小时，单位产品工时为 8 小时。

③变动制造费用中水电费为 1.00 元 / 件，固定制造费用单位成本为 3.00 元 / 件，其投入量都为 8 小时。

④生产数量为 400 件，期末存货 30 件，一共销售了 380 件。

根据以上数据可以得出该公司的产品成本预算表简表，见表 5-15。

表 5-15　B 产品成本预算表简表

金额单位：元

项目名称	单位成本	投入量	总成本	生产成本	期末存货	销货成本
直接材料	5.00	10kg	50.00	20 000.00	1 500.00	19 000.00
直接人工	12.00	8h	96.00	38 400.00	2 880.00	36 480.00

续上表

项目名称	单位成本	投入量	总成本	生产成本	期末存货	销货成本
变动制造费用	1.00	8h	8.00	3 200.00	240.00	3 040.00
固定制造费用	3.00	8h	24.00	9 600.00	720.00	9 120.00
合计				71 200.00	5 340.00	67 640.00

由表 5-15 可知，B 产品的单位成本主要由直接材料、直接人工和制造费用组成，总成本则由单位成本乘以其预计生产数量或预计投入工时；再根据期末存货和销量来计算得出其期末存货金额和销货成本。

5.2.7　如何进行销售费用和管理费用预算

销售费用预算是指对公司实现销售所需支付的费用进行预算，主要包括销售人员的工资、广告费、包装费和运输费等。

但是销售费用预算也与行业性质相关，如对于一些主营业务为销售产品的公司来说，其销售人员比较多，销售费用相对于其他公司来说就会高一些。

管理费用预算主要是公司因为管理工作的需要而规划的成本预算，公司规模越大，管理费用越高，主要包括管理人员的工资、员工福利费和保险费等，且这笔费用通常比较固定。

销售费用和管理费用预算表的编制比较简单，下面通过一个案例来说明编制的方法。

实例分析
编制某公司销售费用和管理费用预算表

某公司 20×× 年相关销售费用及管理费用预算如下：

①销售人员工资为 100 000.00 元，广告费 70 000.00 元，运输费 20 000.00 元，包装费 30 000.00 元。

②相关管理人员工资为 360 000.00 元，员工福利费 20 000.00 元，办公费 1 500.00 元。

根据以上数据，可以编制该公司 20×× 年的销售费用和管理费用预算表，见表 5-16。

表 5-16　销售费用及管理费用预算表

项目名称	金额（元）
销售费用	
销售人员工资	100 000.00
广告费用	70 000.00
运输费用	20 000.00
包装费	30 000.00
合计	220 000.00
管理费用	
管理人员工资	360 000.00
员工福利费	20 000.00
办公费	1 500.00
合计	381 500.00

实际经营过程中，销售费用和管理费用的预算还应考虑相关折旧费。

5.3　新公司怎样进行财务预算

财务预算作为全面预算的重要组成部分，是综合反映预算期内财务状况的一个过程，主要通过编制相关财务预算表来体现。

5.3.1　如何编制现金预算表

现金预算表主要由现金收入、现金支出两大项目构成。现金收入又包括期初余额和本期的现金收入；现金支出包括直接材料、直接人工等，计算公式如下：

期末现金余额 = 期初现金余额 + 现金收入 − 现金支出 + 本期借入借款 −

归还借款 − 归还借款利息

下面通过一个案例来说明现金预算表的编制。

实例分析
编制某公司现金预算表

表 5-17 为某公司的现金预算表。

表 5-17　现金预算表

单位：元

现金项目	第一季度	第二季度	第三季度	第四季度	全年
期初现金余额	2 000.00	10 700.00	23 200.00	40 750.00	2 000.00
加：销售收入现金	15 000.00	20 000.00	26 000.00	30 000.00	91 000.00
可用现金合计	17 000.00	30 700.00	49 200.00	70 750.00	93 000.00
减：现金支出					
直接材料	700.00	900.00	1 000.00	1 200.00	3 800.00
直接人工	3 000.00	3 200.00	3 500.00	3 600.00	13 300.00
制造费用	600.00	800.00	800.00	900.00	3 100.00
销售费用	1 000.00	1 500.00	2 000.00	2 200.00	6 700.00
管理费用	800.00	800.00	800.00	800.00	3 200.00
所得税费用	200.00	300.00	350.00	380.00	1 230.00
现金支出合计	6 300.00	7 500.00	8 450.00	9 080.00	31 330.00
现金溢余或短缺	10 700.00	23 200.00	40 750.00	61 670.00	61 670.00
期末现金余额	10 700.00	23 200.00	40 750.00	61 670.00	61 670.00

下面以第一季度的数据为例来分析说明现金预算表的编制，其他季度也依此计算即可。

①本期可用现金合计 =2 000.00+15 000.00=17 000.00（元）

②本期现金支出合计 =700.00+3 000.00+600.00+1 000.00+800.00+200.00= 6 300.00（元）

③第一季度现金溢余 = 期末现金余额 =17 000.00-6 300.00=10 700.00（元）

5.3.2 如何编制预计资产负债表

预计资产负债表是公司期初对期末经营状况的一个预估，其格式与基本的资产负债表几乎一样，也要遵循"资产 = 负债 + 所有者权益"这一等式。只是其数据来源不一样，期初数据就是上期的期末数据。

在编制完预计资产负债表之后，公司可以在期中或期末时将实际数据与预算表的数据进行对比分析，从而及时进行差异调整，使之能够在期末时达到预估水平。

下面通过一个案例来说明预计资产负债表的编制。

实例分析
编制某公司预计资产负债表

表 5-18 为某公司预计资产负债表。

表 5-18 预计资产负债表

单位：元

资　　产			负债及所有者权益		
项目	期初	期末	项目	期初	期末
现金	15 000.00	30 000.00	应付账款	8 000.00	8 000.00
应收账款	2 000.00	3 500.00	应付票据	2 800.00	4 200.00
存货	3 000.00	1 200.00	预收账款	1 000.00	3 000.00
其他流动资产	1 000.00	2 000.00	其他流动负债	3 500.00	2 500.00
固定资产	4 000.00	6 000.00	非流动负债合计	4 700.00	8 700.00
			负债合计	20 000.00	26 400.00
			股东权益合计	5 000.00	16 300.00
资产合计	25 000.00	42 700.00	负债和所有者权益合计	25 000.00	42 700.00

从表 5-18 中可以看出，在进行资产负债表预算时，直接将各期初数据和预算数据分别相加即可得出预计的资产、负债和所有者权益数额。

再根据期中或期末资产负债表的实际数据进行对比分析，可得出差异，见表 5-19。

表 5-19　资产负债表预算与实际差异对比

单位：元

项　目	预　算	实　际
资产：		
现金	30 000.00	21 000.00
应收账款	3 500.00	3 500.00
存货	1 200.00	700.00
其他流动资产	2 000.00	2 000.00
固定资产	6 000.00	5 000.00
资产合计	42 700.00	32 200.00
负债：		
应付账款	8 000.00	6 000.00
应付票据	4 200.00	3 000.00
预收账款	3 000.00	2 000.00
其他流动负债	2 500.00	1 500.00
非流动负债合计	8 700.00	8 700.00
负债合计	26 400.00	21 200.00
股东权益合计	16 300.00	11 000.00
负债和所有者权益合计	42 700.00	32 200.00

根据表 5-19 中的实际数据可看出，该公司实际总额数比预算数少了 10 500.00 元（42 700.00-32 200.00），且股东权益有所减少。其中，实际现金数与现金预算数相差较多。

5.3.3 如何编制预计利润表

预计利润表是为了让所有者了解预算期内公司的预期盈利情况，主要包括销售收入、销售成本、销售毛利、利润总额等项目。

其中，"销售收入"项目数据来自销售预算；"销售成本"项目数据来自产品成本预算；"销售及管理费用"项目数据来自销售及管理费用预算。销售毛利的计算公式如下：

$$销售毛利 = 销售收入 - 销售成本$$

需要注意的是，"所得税费用"项目是在规划利润时预估的，并计入利润预算表，它一般不是根据利润总额和所得税税率计算得出的。

下面通过一个案例来更好地理解预计利润表的编制。

实例分析

编制某公司预计利润表

表 5-20 为某公司的预计利润表。

表 5-20 预计利润表

单位：元

项 目	金 额
销售收入	80 000.00
销售成本	40 000.00
销售毛利	40 000.00
销售及管理费用	10 000.00
利润总额	30 000.00
所得税费用	1 000.00
净利润	29 000.00

其中，利润总额是通过销售毛利减去费用和损失，再加上营业外收入，减去营业外支出得出的，净利润 = 利润总额 - 所得税费用。若该公司还需要偿还利息，则该部分利息支出会在计算利润总额时作为财务费用减去。

5.4 新公司如何合理控制成本

根据成本费用的构成不同，成本控制的内容也不一样，且不同行业的成本控制重点也不同，这里以制造业为例。公司可以结合生产成本和期间费用，以及日常普遍占比较大的费用来进行成本控制。

5.4.1 节约材料消耗，降低直接材料成本

原材料是公司生产某种产品的基本原料，在产品成本费用当中占了很大的比重，是生产成本最主要的组成部分，其高低变化直接影响着产品的总成本。

所以，降低原材料消耗，提高原材料利用率，对降低产品总成本具有重要意义。公司可以从以下四方面来控制原材料的消耗，如图 5-1 所示。

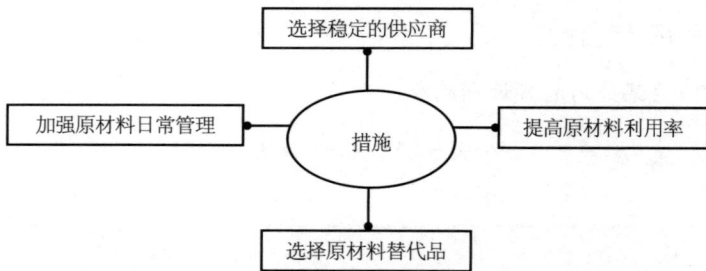

图 5-1　降低原材料成本的措施

下面就来详细讲述降低原材料成本的具体措施。

1. 选择稳定的供应商

公司可以与原材料供应方签订长期供应合同，以防价格波动，以此降低采购成本；还可以为供货方提供各种技术与帮助，使供货方降低成本，以达到降低采购成本的目的。

2. 提高原材料利用率

在尽量使采购成本固定之后，公司就可以考虑在原材料的使用上节约消耗，减少浪费。公司可以制定相关的规定对原材料的使用进行严格限制，减少浪费现象；同时可以制订相应的培训计划，提高员工技能，进而提高产品质量。

3. 加强原材料日常管理

除了在生产过程中容易浪费原材料之外，在平时对于原材料的库存管理中也容易发生浪费现象，公司可以从以下五方面入手：

◆ **降低原材料的采购成本**

采购成本包括原材料本身的价格、运输费、包装费用等。为了降低原材料采购成本，公司应当在保证产品质量的前提下，尽量选择价格便宜、路途近、交通方便的货源。同时要不断降低与材料采购有关的差旅费、搬运费、仓储费等。

◆ **改善原材料的包装**

原材料包装不善会更容易使材料遭受损失。为了降低运输损耗和节约运输费用，公司应选取更安全、更高效的包装。

◆ **妥善保管和储藏**

妥善保管和储藏原材料，可以减少不必要的损失，特别是对于容易变质、腐烂的原材料来说，更需要严格监管制度。

◆ **制定原材料消耗定额**

制定原材料消耗定额能够很好地控制原材料成本费用。通过消耗定额可以按计划安排其消耗量，超额时可以找出差异，分析原因，以达到控制目标。原材料的投入要科学合理、计量准确，对于生产环节中的每一个消耗都制定相关标准，尽量把损耗控制在标准以内。

◆ **减少废品**

废品是没有使用价值的产品，废品或次品只能报废或降价处理。产品一旦到了不得不报废处理时，公司不仅损失了时间成本，还损失了残次品本可以出售的收入。而且公司生产的废品越多，分摊到成品上的原材料消耗量也就越大。所以，减少废品的产出能有效降低生产成本。

4. 选择原材料替代品

在相关原材料成本涨价时，公司可以在满足对材料性能或作用要求的情况下，尽量使用成本更低的替代材料。

5.4.2 提高劳动生产率，降低人工成本

工资费用在每一个公司中都占据着一定的比重，若一味地增加工资也会提高成本，降低效益。所以控制工资费用与公司经营效益同步增长，对于降低成本有重要意义。

而控制工资成本的关键在于提高劳动生产率，公司可以围绕以下五方面来进行人工成本的控制：

1. 精简员工数量

公司对于员工的选择关系到其未来的发展，对于员工的招聘要严格把控，同时对于现有的员工可以采取优胜劣汰的方式，努力提升员工的工作积极性和专业能力。

2. 合理设置岗位

岗位的设置既要满足当前公司的发展需要，也要及时取消一些没必要的岗位，做到员工精简，岗位优化，从而提升公司的整体实力。

3. 提高员工作效率

可以通过制定详细的工作安排、工作量及各种奖励机制激发员工的工作积极性，提高工作效率，达到降低人工成本的目的。

4. 进行员工培训

定期或不定期对员工进行专业技能培训，提高员工职业素养，精进员工技能，也有利于提高工作效率，促进公司的发展。

5. 采用智能化设备

对于一些可以采用智能设备的岗位，可以选择智能设备站岗，通过机器生产来代替人工，从而达到降低人工成本的目的，但是也需要注意控制设备采购的成本。

5.4.3 实施定额管理，降低制造费用

制造费用也是公司经营活动中的一项日常开支，主要包括折旧费、修理费、车间管理人员工资等。虽然它在总成本中占比不算太大，但是很容易发生浪费现象，也是公司控制成本不可忽视的一部分。

　　定额管理是关于定额制定、执行、协调、控制等一系列活动的总称，是通过对公司生产经营活动进行科学分析，计算各种耗费的数据，确定合理标准，以不断改善公司经营管理水平的一种管理方法。

　　对于公司来说，实行定额管理有利于进行成本核算、成本控制和成本分析。对于节约使用原材料，调动劳动者的积极性，提高设备利用率和劳动生产率，降低成本，提高经济效益，都有其重要的作用。

　　公司可以结合定额管理进行制造费用成本控制。其管理内容主要包括以下三方面：

　　①建立和健全定额体系。对于新公司来说可能需要耗费一定的时间，但是作为经营者应该拥有定额管理这样的意识，有利于控制公司的各项成本。

　　②制定相关规定并实施有效措施，保证定额制度的贯彻执行。

　　③定期检查分析定额管理的完成情况，认真总结定额管理经验。

5.4.4　加强预算管理，降低期间费用

　　期间费用的控制主要是做好预算管理，然后按预算控制支出，再分部门确定费用限额，最后由各个部门负责审批和控制支出。

1. 控制管理费用成本

　　公司为管理和组织其生产经营活动，必然会产生一些费用，也就是管理费用。管理费用也是公司成本控制中不可忽视的内容。若是公司管理活动效率不高，也会在管理费用上消耗过多，从而增加公司成本。

　　公司管理费用大部分为固定费用，各项管理费用大都受公司管理方针和决定的影响，不像直接材料、直接人工和变动制造费用，可以通过所耗数量和工时的多少加以制约。由于具有这些特点，对管理费用就不能像制造成本一样可以实行定额管理。但是公司可以从以下两方面入手进行成本控制：

　　◆　进行预算控制

　　公司应对某一时期可能发生的管理费用事先进行计划，然后按预算控制进行支出。制定管理费用预算时，可以遵循以下原则：

　　①各项费用应依权责确定归属，使每一项费用都由相关人员负责。

　　②将管理费用分为可控费用和不可控费用两类，分别制定预算。管理费用中仍有一些项目会随销售收入的变动而变动，对于这些项目，可按销货净额的一定比例进行确定。

③编制预算时可按过去的历史资料，考虑将来可能的变化加以调整。

◆ 建立审核批准制度

公司可以依据预算额来建立相关的审核批准制度，将审核批准的权限合理划归给各部门。负责审批核准的部门应随时注意预算限额，如有超预算开支的，要先报告给上级领导或部门知晓，再确定具体如何开支。

2. 控制财务费用成本

财务费用是公司为筹集生产经营所需资金而发生的费用，是由公司筹资活动形成的，所以控制财务费用应集合公司筹资的数额，分析财务费用的发生是否合理、有效，从而制定相应的控制措施。

3. 控制销售费用

销售费用虽然也属于期间费用，但销售费用与管理费用还是有些不同。销售费用具有较多的变动项目，如运输费、装卸费、包装费、委托代销手续费、销售服务费等，这些费用都会随销售量的多少而变化。

所以，从成本控制的角度来看，公司可以将其与销售量结合起来，按不同销售规模来控制开支的大小，使销售费用限额更为清晰，同时也可强化预算控制和审核。

第6章

持续经营关键：利润分配与人力成本管理

公司经营的目的除了产生社会效益外，还要产生经济效益，即利润，但是利润由哪些构成呢？公司取得利润之后还需要干什么呢？这些都是开新公司后需要关注的问题。对于公司经营者来说，不仅要做好利润分配，还需要做好人力资源成本管理。

6.1 新公司利润分配知多少

利润是公司在一定会计期间经营成果的体现，但不是仅仅取得利润就可以了，还需要进行利润分配。

6.1.1 利润的构成有哪些

利润的含义比较广泛，财务上的利润一般分为营业利润、利润总额和净利润三类，而利润分配的基础一般是净利润，具体介绍如下：

1. 营业利润

营业利润是指公司在日常经营活动中取得的收入减去日常经营活动中产生的成本费用。

在计算营业利润时，会涉及营业收入、营业成本、税金及附加等项目，各项目的含义如下所述。

营业收入：是指公司经营活动中实现的所有收入，包括主营业务收入和其他业务收入两类。

营业成本：是指公司销售商品和材料、提供劳务过程中发生的各项费用，包括主营业务成本和其他业务成本。

税金及附加：反映公司经营主要业务应负担的消费税、城市维护建设税、城镇土地使用税、资源税和教育费附加等税费。

资产减值损失：是指公司在资产负债表日，经过对资产的测试，判断出资产的可收回金额低于其账面价值而确认的相应损失。

公允价值变动收益（损失）：是指公司的各种资产，如投资性房地产、债务重组、非货币性资产交换、交易性金融资产等公允价值变动形成的应计入当期损益的利得或损失。

投资收益（损失）：是指公司对外投资所取得的收益或发生的损失。

2. 利润总额

利润总额是在营业利润的基础上加上公司的营业外收入，减去营业外支出，就是公司的利润总额，也叫税前利润，即没有扣除税费时的利润。

营业外收入：是指与公司日常营业活动没有直接关系的各项利得，也是公司财务成果的组成部分。如包装物押金收入、罚款净收入等。

营业外支出：是指除了公司主营业务成本和其他业务成本等以外的各项非营业性支出，如罚款支出、捐赠支出等。

3. 净利润

净利润是指在利润总额的基础上减去需要缴纳的所得税费用，剩下的即为公司所赚的纯利润，也叫税后利润。

营业利润、利润总额和净利润相关公式在第 3 章已介绍过，这里就不再赘述。公司进行利润分配就是基于其所取得的净利润，下面通过一个案例来计算公司的各项利润指标。

实例分析
计算公司的各项利润指标

某股份有限公司 20×× 年 12 月发生以下经济业务，根据其经济业务计算出该公司 20×× 年的各项利润指标。

① 10 日，用银行存款向灾区捐款 40 000.00 元。

② 15 日，用银行存款支付违反税收规定的罚款 10 000.00 元。

③ 21 日，将确实无法支付的应付账款 15 000.00 元转为营业外收入。

在 31 日，该公司发生如下业务：

①结转收入类账户的余额：其中，主营业务收入 300 000.00 元，其他业务收入 12 000.00 元，投资收益 160 000.00 元。

②结转费用类账户余额：其中，主营业务成本 220 000.00 元，销售费用

7 000.00元，税金及附加6 500.00元，管理费用32 500.00元，财务费用2 400.00元，其他业务成本8 000.00元。

③不考虑弥补亏损和各项调整等情况，按实现利润总额的25%计算并结转应交所得税。

根据以上资料，可计算出该公司的各项利润指标如下：

①营业利润=（300 000.00+12 000.00）-（220 000.00+8 000.00）-6 500.00-7 000.00-32 500.00-2 400.00+160 000.00=195 600.00（元）

②利润总额=195 600.00+15 000.00-40 000.00-10 000.00=160 600.00（元）

③所得税费用=160 600.00×25%=40 150.00（元）

④净利润=160 600.00-40 150.00=120 450.00（元）

6.1.2　公司合理分配利润的意义

利润分配是按照国家规定的政策和比例，对已实现的净利润在公司和投资者之间进行的分配。利润分配关系着国家、企业、职工及所有者各方面的利益，需要严格按照国家的法律法规和制度来执行。利润分配主要具有以下五方面的意义：

1. 利润分配会形成国家的所得税收入

公司必须依法履行纳税义务，在取得利润之后要先缴纳所得税，余下的权益再进行分配。

根据国家有关法律、法规对公司利润分配原则、分配次序和分配比例的规定，合理的利润分配有利于保障公司利润分配的秩序，维护公司和所有者、债权人，以及职工的合法权益，同时增强公司的风险防范能力。

2. 有利于保护所有者的合法权益

公司利润分配的过程与结果，关系到所有者的合法权益能否得到保护，以及公司能否长期、稳定发展等重要问题。所以，公司需要加强对利润分配的核算与管理。

3. 有利于保障利益机制发挥作用

利益机制是制约机制的核心，而利润分配的合理与否是关系着利益机制能否持续发挥作用的关键。利润分配涉及投资者、经营者、职工等多方面的利益，公司需要做到尽量兼顾，并尽可能地保持稳定的利润分配。

4. 利润分配关系到公司的自身发展

公司资金一方面来源于外部的投资，另一方面来源于公司自身的盈利补充，其中未分配利润是公司资金的一项重要来源。合理的利润分配是进行再生产的条件，以及优化公司资本结构的重要措施。

5. 有利于处理与各利益相关方的关系

利润分配集中体现了企业、国家、所有者、经营者、职工之间的利益关系，公司的分配方式直接关系到各方利益相关者的利益。合理的利润分配有利于恰当地解决公司在发展中存在的问题，增强各利益相关者对公司发展的信心，促进各方关系稳定。

6.1.3 进行利润分配应遵循的原则

利润分配属于公司内部的重大事项，必须在不违背国家有关规定的前提下，对本公司利润分配的原则、方法、程序等内容作出明确的规定。通常利润分配需要遵循以下六点原则，如图 6-1 所示。

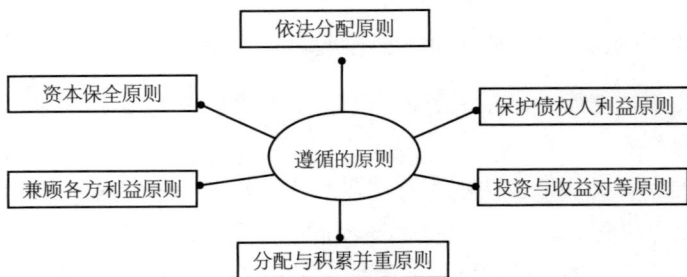

图 6-1 利润分配遵循的原则

1. 依法分配原则

依法分配原则是指为了规范公司利润分配的行为，国家颁布了相关法律法规，明确了利润分配的顺序和一般程序等，公司应当严格按照相关法律法规的规定来进行利润分配。

2. 资本保全原则

资本保全原则是指公司在利润分配中不能侵蚀资本。公司进行利润分配是对经营中资本增值额部分的分配，不是对投资者资本金的返还。按照这一原则，一般情况下，公司如果还存在尚未弥补的亏损，应首先弥补亏损，再进行其他分配。

3. 保护债权人利益原则

保护债权人利益原则是指公司必须在利润分配之前偿清所有债权人到期的债务，否则不能进行利润分配。同时，在利润分配之后，公司还应保持一定的偿债能力，避免产生财务危机。此外，若是公司与债权人签订了长期债务契约，其利润分配政策还应取得债权人的同意方能执行。

4. 兼顾各方利益原则

兼顾各方利益原则主要包括以下三点：

①对于投资者来说，作为公司的所有者，依法享有净利润的分配权。

②对于债权人来说，在向公司进行投资时也承担了一定的风险，为公司提供了必要的资金，也需要保证债权人的利益。

③对于职工来说，作为公司净收益的创造者，在进行利润分配时同样也应当为职工的利益考虑。

5. 投资与收益对等原则

投资与收益对等原则是指公司在进行利润分配时应按照投资者投入资本的比例来进行分配，做到公平公正。

6. 分配与积累并重原则

公司应坚持分配与积累并重原则，除去分配之外，可适当留一部分利润作为积累资金。不仅可以为公司以后经营筹措资金，增强发展能力和抗风险能力，同时还可以供以后年度进行分配，有利于稳定利润分配。

6.2　新公司怎样进行利润分配

公司在进行利润分配之前，还需要知道利润分配的项目有哪些，以及分配的顺序是怎样的，本节就来了解一下。

6.2.1 利润分配的项目有哪些

公司利润分配的项目主要包括盈余公积、股利和未分配利润三项，下面就来逐一介绍。

1. 盈余公积

盈余公积是指公司按照规定从净利润中提取的各种积累资金，其作用主要是在公司发生亏损时用来弥补亏损和转增资本。

盈余公积一般分为两种，法定盈余公积和任意盈余公积，二者的区别在于其各自计提的依据不同，法定盈余公积是按国家法律法规的规定来提取的；任意盈余公积则由公司股东大会自行决定提取的。盈余公积的分配标准一般如下所示：

①法定盈余公积一般按照税后利润的 10% 提取，达到注册资本的 50% 时可不再提取。

②任意盈余公积主要是在提取法定盈余公积金后，经股东大会的决议，可以从税后利润中提取相关比例的任意公积。

2. 股利

公司向股东支付的股利，又包括优先股股利和普通股股利。其中，普通股是享有普通权利、承担普通义务的股份，是公司股份的最基本形式；优先股是股份公司发行的在分配红利和剩余财产时比普通股具有优先权的股份。

公司分配股利时应先分配优先股股利，再分配普通股股利。此外，股利分配应当以各个股东的持股比例为依据，与其持有的股份数成正比。

3. 未分配利润

未分配利润是公司留待以后年度进行分配的结存利润。

6.2.2 按照利润分配的顺序进行

在进行利润分配时，经营者不能完全按照自己的意愿来分配，需要遵循一定的分配程序，即公司实现经营所得后，应先用于哪些方面，后用于哪些方面的顺序问题。

公司的利润总额在按照国家的规定作相应调整后，首先要缴纳所得税；其次，税后剩余部分的利润即为可供分配的利润。对于公司的可供分配利润，一般按照以下程序进行分配，如图 6-2 所示。

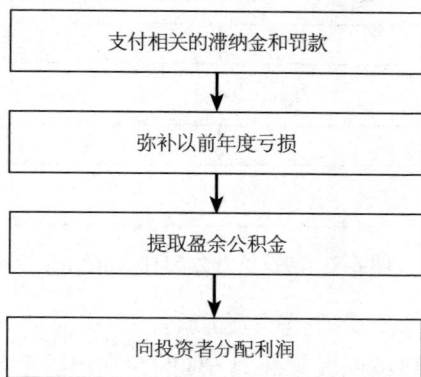

```
┌─────────────────────────┐
│   支付相关的滞纳金和罚款   │
└─────────────────────────┘
            │
            ▼
┌─────────────────────────┐
│     弥补以前年度亏损       │
└─────────────────────────┘
            │
            ▼
┌─────────────────────────┐
│      提取盈余公积金        │
└─────────────────────────┘
            │
            ▼
┌─────────────────────────┐
│     向投资者分配利润       │
└─────────────────────────┘
```

图 6-2　利润分配的顺序

1. 支付相关的滞纳金和罚款

若公司在进行利润分配时还存在需要缴纳的滞纳金和罚款，如违反税收规定的滞纳金和其他罚款等，需要先缴纳之后才能进行利润分配。

2. 弥补以前年度亏损

公司一般在计算出可供分配的利润后，若为正数即盈利，才能继续进行分配。若公司在进行利润分配时还存在以前年度的亏损，需先弥补亏损方可进行利润分配。企业纳税年度发生的亏损准予向以后年度结转，用以后年度的所得弥补，但结转年限最长不得超过五年。

3. 提取盈余公积金

法定盈余公积金是国家统一规定必须提取的公积金，它的提取顺序在弥补亏损之后；任意盈余公积金则由公司自行决定是否提取，以及提取的比例是多少，它的提取顺序是在支付优先股股利之后。

4. 向投资者分配利润

公司以前年度若有未分配的利润，也可以并入本年度后向投资者分配，本年度的利润也可以留一部分用于以后年度分配。对于股份制公司来说，向投资者分配利润的顺序如图 6-3 所示。

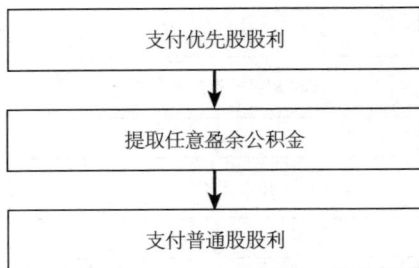

图 6-3 向投资者分配利润的顺序

若公司当年无利润，则不得分配股利；在用盈余公积金弥补亏损后，经股东会特别决议，可按照股票面值 6% 的比率用盈余公积金来分配股利。但需要注意的是，在分配股利后，公司的法定盈余公积金不得低于注册资本的 25%。

下面通过一个案例来说明公司利润分配的顺序。

实例分析

某公司利润分配方案

某股份有限公司 20×× 年度实现利润总额 2 000.00 万元，所得税税率 25%；公司前两年累计亏损 800.00 万元；法定盈余公积金提取比例为 10%，任意盈余公积金的提取比率为 10%；支付 600.00 万股普通股股利，每股 0.80 元。

根据以上资料，可以得出该公司的利润分配程序如下：

①弥补亏损、缴纳所得税后的净利润 =（2 000.00-800.00）×（1-25%）= 900.00（万元）

②提取法定盈余公积金 =900.00×10%=90.00（万元）

③提取任意盈余公积金 =900.00×10%=90.00（万元）

④可供分配的利润 =900.00-90.00-90.00=720.00（万元）

⑤实际支付普通股股利 =600.00×0.8=480.00（万元）

⑥年末未分配利润 =720.00-480.00=240.00（万元）

6.2.3 制定利润分配管理制度

对于新公司来说，为了在取得经营成果之后更好地进行利润分配，可以建立相关的利润分配制度，明确利润项目的构成、利润分配方案、利润分配的顺序等。下面的模板，可供参考。

实例分析

某公司利润分配制度

第一章　总则

第一条　为进一步加强公司的利润分配管理工作，规范公司的利润分配行为，特制定本制度。

第二条　公司应按照公司章程规定制定具体的利润分配办法。

第二章　利润构成

第三条　公司利润总额包括营业利润、投资净收益和营业外净收益。

第四条　营业利润是主营业务利润（主营业务收入扣除主营业务成本、税金及附加后的差额）加其他业务利润，减去管理费用、销售费用、财务费用、投资损失和资产减值损失等后的差额。

第五条　投资净收益是指投资收益扣除投资损失后的差额。

第六条　营业外净收益是指营业外收入扣除营业外支出后的差额。

第三章　利润分配

第七条　公司年度利润分配方案应由董事会制定，报股东会审议批准。公司董事会应在每年年底结账后，根据当年缴纳所得税后的利润，提出年度利润分配方案。

第八条　公司缴纳所得税后的利润，应按照下列顺序进行分配。

（一）没收的财物损失，支付各项税收的滞纳金和罚款。

（二）弥补以前年度亏损。

（三）提取法定盈余公积金。法定盈余公积金按照税后利润扣除前两项后的余额的 10% 提取，盈余公积金达到注册资本 50% 时可不再提取。

（四）提取公益金。公益金应按照税后利润扣除前两项后的 5%~10% 提取。

（五）提取任意盈余公积金。任意盈余公积金按照公司章程或者股东会决议提取和使用。

（六）支付股东股利。

第九条　公司使用公积金（包括法定盈余公积金、公益金和任意盈余公积金）必须符合规定用途并经过董事会批准。

法定盈余公积金和任意盈余公积金可用于弥补亏损、转增资本，但必须符合有关法律、法规的规定。

公司用公积金转增资本必须经股东会批准，并依法办理增资手续，取得合法的增资文件。

公司用公积金弥补亏损必须按董事会批准的数额转账。

公益金只能用于集体福利设施，不得挪作他用。

公司应根据宏观经济形势、公司发展规划和近几年的盈利状况制定适当的股利政策，根据股利政策进行利润分配。

第十条 股利政策应由董事会制定，报股东会审议通过。

第四章 附则

第十一条 本制度由公司财务部拟定，报公司董事会批准后执行，其解释权、修改权归公司董事会。

第十二条 本制度自××年××月××日起施行。

从以上模板可以看出，该制度对公司利润项目、利润的分配顺序都做出了相关规定，详细的规则制度更有利于公司合理进行利润分配。

6.3 新公司利润分配的账务处理

公司利润分配的账务处理程序也是根据其分配顺序进行的，本节就分别来了解公司利润分配的账务处理。

6.3.1 计算并结转所得税费用

6.2 节已经了解了公司利润分配的基础是净利润，所以利润分配的账务处理第一步是计算和结转企业所得税，由此来计算公司的净利润。其账务处理程序如下：

①计提所得税

借：所得税费用

　　贷：应交税费——应交所得税

②缴纳所得税

借：应交税费——应交所得税

　　贷：银行存款

③结转所得税

借：本年利润

　　贷：所得税费用

下面通过一个案例来了解企业所得税计提和结转的账务处理。

实例分析

计提并结转公司所得税的账务处理

甲股份有限公司 20×× 年度利润总额为 5 000.00 万元，所得税税率为 25%，已用银行存款支付。

故该公司 20×× 年应缴纳所得税为 5 000.00×25%=1 250.00（万元）。

根据其缴纳的所得税税额编制以下会计分录：

①计提所得税

借：所得税费用　　　　　　　　　　　12 500 000.00

　　贷：应交税费——应交所得税　　　　　　12 500 000.00

②缴纳所得税

借：应交税费——应交所得税　　　　　12 500 000.00

　　贷：银行存款　　　　　　　　　　　　　12 500 000.00

③结转所得税

借：本年利润　　　　　　　　　　　　12 500 000.00

　　贷：所得税费用　　　　　　　　　　　　12 500 000.00

6.3.2　提取盈余公积金

公司在结转完所得税之后，需要将本年取得的利润转入未分配利润科目，再按照分配顺序进行盈余公积金的计提，其账务处理程序如下：

①将本年利润转入利润分配

借：本年利润

　　贷：利润分配——未分配利润

②提取法定盈余公积金和任意盈余公积金

借：利润分配——提取法定盈余公积金

           ——提取任意盈余公积金

   贷：盈余公积——法定盈余公积金

           ——任意盈余公积金

若公司有优先股的，应在"任意盈余公积金"前分配股利。

下面还是以甲公司为例来了解盈余公积的账务处理。

实例分析

提取公司盈余公积金的账务处理

已知甲公司 20×× 年法定盈余公积金提取比例为 10%，任意盈余公积金提取比例为 8%。

故该公司 20×× 年应提取的法定盈余公积金为（5 000.00-1 250.00）×10%=375.00（万元）；提取的任意盈余公积金为（5 000.00-1 250.00）×8%=300.00（万元）。

在缴纳所得税之后，将本期的净利润即 3 750.00 万元（5 000.00-1 250.00）转入本年利润科目，如下：

①将本年利润转入利润分配

借：本年利润   37 500 000.00

   贷：利润分配——未分配利润   37 500 000.00

②提取法定盈余公积金和任意盈余公积金

借：利润分配——提取法定盈余公积金   3 750 000.00

           ——提取任意盈余公积金   3 000 000.00

   贷：盈余公积——法定盈余公积金   3 750 000.00

           ——任意盈余公积金   3 000 000.00

6.3.3 分配与结转利润

在提取完相应的盈余公积金之后，就可以根据董事会的相关决议进行利润分配了，其账务处理如下所示。

①分配股利

借：利润分配——应付股利

　　贷：应付股利

②结转利润分配

借：利润分配——未分配利润

　　贷：利润分配——提取法定盈余公积金

　　　　　　　　——提取任意盈余公积金

　　　　　　　　——应付股利

继续以甲公司账务为例来说明利润分配与结转的账务处理。

实例分析

分配与结转公司利润的账务处理

已知甲公司 20×× 年支付 2 000 万股普通股股利，每股 0.80 元。

则甲公司 20×× 年实际支付普通股股利 =2 000.00×0.80=1 600.00（万元）。

根据以上资料和前述案例提取的盈余公积可以得出以下会计分录：

①分配股利

借：利润分配——应付股利　　　　　　　　16 000 000.00

　　贷：应付股利　　　　　　　　　　　　　16 000 000.00

②结转利润分配

借：利润分配——未分配利润　　　　　　　22 750 000.00

　　贷：利润分配——提取法定盈余公积金　　3 750 000.00

　　　　　　　　——提取任意盈余公积金　　3 000 000.00

　　　　　　　　——应付股利　　　　　　　16 000 000.00

由于前面该公司未分配利润所剩余额为 3 750.00 万元，故在扣除提取的盈余公积金和应付股利之后，所剩未分配利润为 1 475.00 万元（3 750.00-2 275.00）。

若该公司还存在需要弥补的以前年度亏损，可以用盈余公积弥补，其分录如下：

借：盈余公积

　　贷：利润分配——盈余公积金补亏

假设甲公司还需要弥补以前年度的亏损 300.00 万元，甲公司决定用法定盈余公积弥补亏损，则其账务处理如下：

借：盈余公积金　　　　　　　　　　　　　　3 000 000.00

　　贷：利润分配——盈余公积补亏　　　　　　　3 000 000.00

6.4　财务管理视角下的人力资源成本管理

人力作为公司最基本也是最核心的组成部分，不断推动着向其经营管理目标前进，也促进财务管理目标的实现。

公司对人力资源的重视与利用能更好地帮助其实现财务管理目标，但是也会产生相应的成本，需要公司平衡好二者的关系。

6.4.1　人力资源成本的构成

公司的人力资源成本是指公司为了获得和开发人力资源所进行的管理活动中付出的成本，主要可以分为以下三大类，如图 6-4 所示。

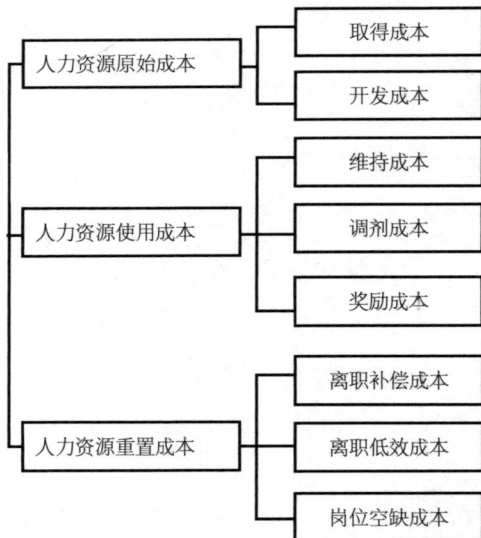

图 6-4　人力资源成本的构成

1. 人力资源原始成本

人力资源原始成本是指为了获得和开发人力资源而必须付出的成本，又包括取得成本和开发成本。

①取得成本。

取得成本是指在人力资源取得过程中所支付的费用，又包括招聘成本、选拔成本、录取成本和安置成本四部分。

招聘成本既包括在公司内外进行招聘的费用，也包括广告费、培养费、委托人才交流中心或其他中介机构进行招聘的代理费等。

选拔成本是对应聘员工进行选拔时支付的费用，如面试、笔试产生的费用等。

录用成本是指公司为获得人才的合法使用权而需要付出的费用。

安置成本是指安置被录用人员时发生的费用，如安置时的行政办公费等。

②开发成本。

开发成本是指为提高公司员工的素质和职业技能而发生的各种费用，包括专业定向费、在职培训费和脱产培训费三类。

专业定向费是指公司为使新职工尽快熟悉岗位工作而发生的费用，如资料费、岗前培训费等。

在职培训费是指公司支付给培训和被培训人员的工资和费用，以及企业实施该活动而受到的损失等。

脱产培训费是指公司支付的脱产学习人员的工资、按规定可报销的学杂费，以及公司由此而引起的损失等。

开发成本在公司人力资源成本管理中起统率作用，随着公司的不断壮大发展，开发成本应当逐渐成为公司人力资源成本管理中的主体部分。

2. 人力资源使用成本

人力资源使用成本是指公司为补偿或恢复公司职工在从事劳动过程中其体力、脑力的消耗而直接或间接地向劳动者支付的费用，主要包括维持成本、奖励成本和调剂成本，具体如图 6-5 所示。

1	维持成本是指公司保持人力资源，维持其劳动生产和再生产所需要的费用，一般指员工的劳动报酬，包括工资、津贴、年终分红等
2	奖励成本是指为了激励员工发挥更大的作用，对其超额劳动或其他特别贡献所支付的奖金

③ 调剂成本是指公司为调剂员工的工作和生活而采取的一系列措施所支付的费用，如员工疗养费、定期休假费等

图 6-5　人力资源使用成本

3. 人力资源重置成本

人力资源重置成本是指为了置换员工而付出的费用，包括离职补偿成本、离职低效成本和岗位空缺成本三项：

离职补偿公司是公司辞退员工或员工离职后，公司应补偿给员工的费用，如一次性付给员工的离职金、必要的安置费等。

离职低效成本是因员工即将离开公司，导致工作效率降低而使公司遭受的损失。

岗位空缺成本是员工离职后，职位空缺的费用，由于某职位空缺可能会使某项工作或任务的完成受到不良影响，从而给公司带来的损失。

6.4.2　职工薪酬的范围

职工薪酬是公司为获得职工提供的服务或解除劳动关系而给予的各种形式的报酬或补偿，也是人力资源成本管理的一部分。

公司提供给职工配偶、已故员工遗属及其他受益人等的福利，也属于职工薪酬。职工薪酬主要可以分为图 6-6 中的四项内容。

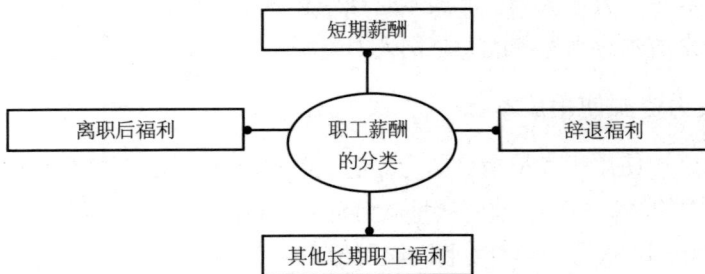

图 6-6　职工薪酬的分类

1. 短期薪酬

短期薪酬是指公司在职工提供相关服务的年度报告期间结束后 12 个月内需要全部予以支付的职工薪酬，主要包括表 6-1 所示的八项内容。

表 6-1　短期薪酬的内容

内　容	具体阐述
职工工资、奖金、津贴和补贴	职工工资、奖金、津贴和补贴是指根据国家的规定公司应按工资总额的构成给予员工的部分
职工福利费	职工福利费是指公司向职工提供的各项福利，如生活困难补助、抚恤费、降温费等
社会保险费	社会保险费包括医疗保险费、养老保险费、失业保险费、工伤保险费和生育保险费等，它们由公司根据工资总额的一定比例计算来确定
住房公积金	住房公积金是指公司按照国家规定的基准和比例计算的，为员工向住房公积金管理机构缴存的住房公积金
工会经费和职工教育经费	工会经费和职工教育经费是指公司为了提高职工职业技能与文化素质，用于开展工会活动、职工教育及职业技能培训等相关的支出
非货币性福利	非货币性福利是指公司将自己生产的产品或外购的商品发放给职工作为福利，以及为职工无偿提供服务等
短期带薪缺勤	短期带薪缺勤是指职工虽然缺勤但公司仍向其支付报酬的安排，包括婚假、产假、年假等
短期利润分享计划	短期利润分享计划是指因职工提供服务而与职工达成的基于利润或其他经营成果提供薪酬的协议

2. 离职后福利

离职后福利是指公司为获得职工提供的服务而在职工退休或与公司解除劳动关系后，提供的各种形式的报酬和福利，短期薪酬和辞退福利除外。它包括退休福利，如养老金；其他离职后福利，如离职后医疗保障等。

3. 辞退福利

辞退福利是指公司在职工劳动合同到期之前由于公司自身原因要提前终止劳动合同，根据劳动合同应给予员工的补偿，主要包括以下内容：

①在职工劳动合同尚未到期前，无论职工本人是否愿意，公司决定解除与职工的劳动关系而给予的补偿。

②在职工劳动合同尚未到期前，为鼓励职工自愿接受裁减而给予的补偿，职工有权利选择继续在职或接受补偿离职。

公司在辞退员工时，应同时满足下列两个条件：

①公司已经制订正式的解除劳动关系计划。

②提出自愿裁减建议，并即将实施。公司不能单方面撤回因解除劳动关系计划或自愿裁减建议所提供的辞退福利。

4. 其他长期职工福利

其他长期职工福利是指除短期薪酬、离职后福利、辞退福利之外所有的职工薪酬，包括长期带薪缺勤、长期残疾福利、长期利润分享计划等。

6.4.3 建立薪酬管理制度

薪酬管理是每个公司根据员工所提供的服务来确定他们应当得到的报酬总额，以及报酬结构和报酬形式的一个过程。薪酬管理是公司人力资源成本管理的重要组成部分，其作用不仅体现在人力资源管理内部，对于公司整个经营管理的过程及财务管理目标的实现都具有重要意义。薪酬管理对于公司整体发展目标的实现来说主要有以下三方面的意义：

1. 薪酬管理是管理者人本思想的重要体现

薪酬是对劳动者提供劳动的回报，所以薪酬水平既关系着对劳动者劳动力价值的肯定，也直接影响着劳动者的生活水平。

所谓人本管理思想就是要以人为本，尊重劳动者的需要，在物质生活水平日益提高的今天，管理者不仅要保证其员工的基本生活，更要使员工适应社会和个人的全方位发展，建立起适应国民经济发展水平的薪酬制度。

2. 薪酬战略是组织的基本战略之一

每个公司为了更好地发展，都会制定许多战略目标，如市场战略、技术战略、人才战略等，其中薪酬战略就是人才战略中最重要的组成部分，也是一个公司最基本的战略之一。一个优秀的薪酬战略应能对公司起到以下四项作用：

①有足够的吸引力吸引更多优秀的人才。
②能够保留公司核心骨干员工。
③要突出公司的重点业务与重点岗位。
④能够促进公司总体战略的实现。

3. 薪酬管理影响着组织的盈利能力

薪酬对于劳动者来说是报酬，对于公司来说则意味着成本。虽然公司人力资源管理不能简单地只从成本角度来看待薪酬，但保持先进的劳动生产率，不仅能有效控制人工成本，发挥薪酬的最大作用，还能增加公司利润，提高公司的竞争力。

对于新公司来说，为了公司的可持续发展，可以建立相关的薪酬管理制度，下面来看一个薪酬管理制度范本，如图 6-7 所示，可供参考。

×× 公司薪酬管理制度

一、目的

为建立合理公正的薪资制度，调动员工的工作积极性，特制定本制度。

二、原则

1. 战略性原则：薪酬设计以公司战略为导向机制，与公司战略相配合。

2. 市场竞争原则：员工薪酬保持在同行业人力资源市场的平均水平以上。

3. 公平性原则：根据员工对公司的贡献，以及员工的工作年限等因素，来确定每位员工的薪酬水平。

4. 适时调整原则：公司薪酬制度将定期由综合办公室或相关部门修订，员工的薪酬将依据新的市场环境、公司经营绩效进行适时调整。公司将定期与市场上同行业或类似行业的福利水平作比较，以保持竞争力。

5. 遵守国家法律原则：公司各项薪酬制度的制定以不违反国家相关法律规定为基本原则。

6. 激励性原则：薪酬以增强工资的激励性为导向，通过绩效奖金等激励性工资单元的设计激发员工工作积极性。

7. 经济性原则：薪酬水平须与公司的经济效益和承受能力保持一致。

三、适用范围

×× 集团有限公司全部正式员工。

四、薪酬构成

1. 员工薪酬由四部分构成。

（1）固定薪酬部分：包括工龄工资、岗位工资和资历工资。

（2）绩效薪酬部分：包括绩效奖金、销售提成及其他单项奖金。

（3）附加薪酬部分：包括加班工资和各类津贴。

（4）福利薪酬部分：养老保险、医疗保险及其他福利。

2. 不同类型人员根据实际情况进行不同的薪酬组合。

五、薪资调整

(a)

公司将每年进行一次薪酬调查评估以明确及决定本公司在本地区行业及劳动市场上相同（似）职位所能提供的薪酬所具有的竞争性。由此，公司总裁办将在总裁的批准下对"员工薪资标准"的调整进行考虑。公司在对薪酬体系作全面评估后，对其作可能的修正以适应公司内部及行业、劳动市场的要求。

（一）整体薪资调整

1. 工资系数的调整，主要根据职业劳动市场调查的实际数据和公司人力资源战略需求确定，以保证公司内不同岗位的薪资收入水平符合内部公平和外部竞争的要求。

2. 工资率的调整与公司的经济效益挂钩，随动性调整，公司根据与绩效挂钩及工资总额增长低于经济效益增长、职工平均工资增长低于劳动生产率增长的原则（两低于的原则）进行调整。

（二）个人薪资调整

1. 基于业绩、工作表现而引起的职位的变动而调薪。其中职位变动包括晋级、晋等、晋职。

（1）晋级：同一职等内，每经过一次年度考核为 B 级（良好）及以上者，可以在本职等内向上晋升一个职级；当晋升到本职等最高职级以后，不再晋升职级，除非晋升到更高的职等。

（2）晋等：等级制员工的晋等以存在晋等空间为前提条件；等级制员工连续三年考核为良好或以上者，且薪资等级已处于所在职等的最高职级，可晋升一个职等。

（3）晋职：根据考核结果和公司人力资源需求状况，符合条件者可以晋职。具体由集团、下属公司及综合办公室根据实际情况拟定，呈报集团总裁核准后执行。

2. 基于能力调薪。公司认可的与工作相关的能力会带来调薪机会。这些专业技能应该是公司业务需要的，公司能够认可的。

3. 此外，发生一些其他的情况也会调薪。比如，公司对岗位重新评估，公司薪资结构调整、员工调派、临时工作任务等。

(b)

图 6-7　薪酬管理制度范本

6.4.4　社会保险的内容

社会保险是职工薪酬中非常重要的一部分，既是企业人力资源成本管理的一部分，也属于企业给予员工的福利，社会保险的缴纳有利于提高员工的积极性，促进其财务管理目标的实现。

社会保险是国家对参加劳动关系的劳动者在丧失劳动能力或失业时给予的一种社会保障制度。

我国社会保险主要包括以下五项内容，如图 6-8 所示。

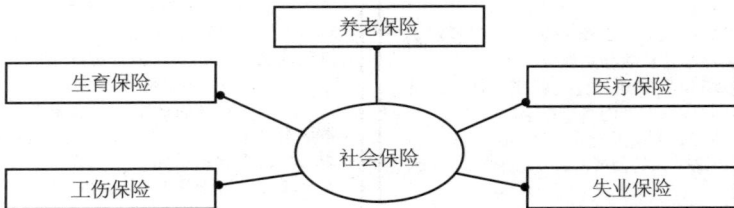

图 6-8　社会保险的内容

1. 养老保险

养老保险是国家依据相关法律法规的规定，为解决劳动者在达到国家规定的解除劳动义务的劳动年龄界限或因年老丧失劳动能力而退出劳动岗位后的基本生活建立的一种社会保险制度。

养老保险的目的是以社会保险为手段来保障老年人的基本生活需求，为其提供稳定可靠的生活来源，其内容见表 6-2。

表 6-2　养老保险的内容

内　容	具体阐述
分类	我国的养老保险主要包括基本养老保险、企业补充养老保险、个人储蓄性养老保险和商业养老保险四部分，与企业相关的主要是前面两种养老保险。 　基本养老保险是企业和个人都必须参加的，它主要具有以下三项特点： 　①强制性，体现在是由国家立法并强制实行的。 　②互济性，体现在养老保险费用的来源，一般由国家、企业和个人三方共同负担，统一使用和支付，使职工得到生活保障并实现广泛的社会互济。 　③社会性，体现在养老保险的影响很大，享受人多且时间较长，费用支出也庞大。 　企业补充养老保险是指由企业根据自身经济承受能力，在参加基本养老保险的基础上，企业为提高职工的养老保险待遇水平而自愿为本企业职工建立的一种辅助性的养老保险，又称企业年金。 　企业补充养老保险是一种企业行为，效益好的企业可以多投保，效益差的、亏损企业可以不投保。实行企业年金，可以使年老退出劳动岗位的职工在领取基本养老金水平上再提高一步，有利于稳定职工队伍，促进企业稳定发展

续上表

内　容	具体阐述
缴费费率	大多数企业为员工缴纳的都是基本养老保险，其单位缴费费率为16%，职工个人缴费费率为8%
领取条件	职工领取养老金需要满足以下条件： ①需要达到法定退休年龄，且已经办理退休手续。 ②所在单位和个人依法参加了养老保险并履行了养老保险的缴费义务且个人缴费至少满15年

对于领取养老保险退休年龄的界定，根据其性别、职业工种各有不同。根据我国法律规定，我国企业职工的法定退休年龄男性延迟至 63 岁，女性延迟至 55 岁和 58 岁。

2. 生育保险

生育保险是国家通过立法，在怀孕和分娩的妇女劳动者暂时中断劳动时，由国家和社会提供医疗服务、生育津贴和产假的一种社会保险制度。我国生育保险主要包括以下两项内容：

◆ 生育医疗费

生育医疗费是指女职工生育的检查费、接生费、手术费、住院费和医药费由生育保险基金支付，超出规定的医疗业务费和药费由职工个人负担。

女职工生育出院后，因生育引起疾病的医疗费，由生育保险基金支付。其他疾病的医疗费则按照医疗保险待遇的规定办理。

◆ 生育津贴

生育津贴是女职工依法享受产假期间的津贴，按本企业上年度职工月平均工资计发，由生育保险基金支付。

其中，生育保险基金是由用人单位缴纳的生育保险费及其利息，以及滞纳金组成的。

享受生育保险待遇的职工，必须符合图6-9中的三个条件。

① 用人单位已为职工缴纳一定时间的生育保险，各地政策不同，具体可咨询当地人力资源和社会保障局（简称人社局）

| 2 | 已办理参保备案并在当地生育 |
| 3 | 当地人社局要求的其他条件 |

图 6-9　享受生育保险待遇的条件

3. 工伤保险

工伤保险是指劳动者在工作中或在规定的特殊情况下，遭受意外伤害或患职业病导致暂时或永久丧失劳动能力及死亡时，劳动者或其遗属从国家和社会获得物质帮助的一种社会保险制度。

对于工伤的认定情形主要有表 6-3 所示的十种。

表 6-3　工伤的认定

内　容	情　形
工伤 认定	①在工作时间和工作场所内，因工作原因受到事故伤害的； ②工作时间前后在工作场所内，从事与工作有关的预备性或者收尾性工作受到事故伤害的； ③在工作时间和工作场所内，因履行工作职责受到暴力等意外伤害的； ④患职业病的； ⑤因工外出期间，由于工作原因受到伤害或者发生事故下落不明的； ⑥在上下班途中，受到非本人主要责任的交通事故或者城市轨道交通、客运轮渡、火车事故伤害的； ⑦在工作时间和工作岗位，突发疾病死亡或者在 48 小时之内经抢救无效死亡的； ⑧在抢险救灾等维护国家利益、公共利益活动中受到伤害的； ⑨职工原在军队服役，因战、因公负伤致残，已取得革命伤残军人证，到用人单位后旧伤复发的； ⑩法律、行政法规规定应当认定为工伤的其他情形

工伤保险是由用人单位缴纳的，根据行业和工伤风险程度的不同，其缴费比例不一样，具体以当地规定为准。

对于工伤事故发生率较高的行业，其缴费费率高于一般标准，主要有以下两方面的考量：

①一方面是为了保障这些行业的职工发生工伤时，工伤保险基金可以足额支付工伤职工的工伤保险待遇。

②另一方面，通过高费率征收，可以让企业养成风险意识，加强工伤预

防和降低事故发生率。

4. 医疗保险

医疗保险一般是指基本医疗保险，是为了补偿劳动者因疾病风险造成的经济损失而建立的一项社会保险制度。

基本医疗保险费由用人单位和职工个人账户构成，各地区缴纳比例有所差异，且各地也会根据实际情况进行调整，具体以当地最新规定为准。

职工个人账户资金主要用于支付参保人员在定点医疗机构和定点零售药店就医购药符合规定的费用，个人账户资金用完或不足部分，由参保人员个人用现金支付，个人账户也可以结转使用和依法继承。

参加基本医疗保险的单位及个人，必须同时参加大额医疗保险，并按规定按时足额缴纳基本医疗保险费和大额医疗保险费，才能享受医疗保险的相关待遇。

5. 失业保险

失业保险是指国家通过立法强制实行的，由用人单位、职工个人缴费及国家财政补贴等渠道筹集资金建立失业保险基金，对因失业而暂时中断生活来源的劳动者提供物质帮助以保障其基本生活，并通过专业训练、职业介绍等手段为其再就业创造条件的一项制度。

失业保险基金主要是用于保障失业人员的基本生活，因经济水平的差异，各地标准不同，具体以当地规定为准。

城镇企业事业单位、城镇企业事业单位职工都应依照条例的规定，缴纳失业保险费。其中，城镇企业是指国有企业、城镇集体企业、外商投资企业、城镇私营企业及其他城镇企业。

根据《中华人民共和国社会保险法》第四十五条规定："失业人员符合下列条件的，从失业保险基金中领取失业保险金：

"（一）失业前用人单位和本人已经缴纳失业保险费满一年的；

"（二）非因本人意愿中断就业的；

"（三）已经进行失业登记，并有求职要求的。"

6.4.5　职工福利有哪些

职工福利不同于工资和奖金是职工因为劳动而应获得的，职工福利是公司为职工举办的某些集体福利或给予的某些补助或补贴。

良好的职工福利也是公司的竞争优势之一，除了可以吸引优秀员工外，还有以下四点作用：

第一，职工福利可以提高在职员工的工作积极性，使员工更愿意为公司目标而奋斗。

第二，有利于降低员工的离职率。

第三，会产生一定的凝聚力，公司福利体现了管理者的人本思想，有利于增强公司与员工之间的凝聚力，也使员工之间更团结。

第四，有利于提高公司经济效益，职工福利是为了员工而制定的，而员工最终又是为了公司的发展目标而奋斗，进而又促进了公司的发展。

职工福利按不同的划分方式又可以分为以下三类：

1. 法定福利与补充福利

法定福利是指按照国家法律法规和政策规定必须发生的福利项目，如以下三种福利：

①社会保险，包括生育保险、养老保险、医疗保险、工伤保险和失业保险。

②法定节假日，如我国全体公民放假的节日，具体见表6-4。

表6-4　法定全体公民节假日的内容

节　日	具体阐述
元旦	放假1天（1月1日）
春节	放假4天（农历除夕、正月初一至初三）
清明节	放假1天（农历清明当日）
劳动节	放假2天（5月1日、2日）
端午节	放假1天（农历端午当日）
中秋节	放假1天（农历中秋当日）
国庆节	放假3天（10月1日至3日）

③特殊情况下的工资支付，是指根据国家法律、法规和政策规定，因病、工伤、休假、执行社会义务等原因而支付的工资，如婚假工资、探亲假工资等。

补充福利是指在国家法定的基本福利之外，由公司自己决定的福利项目。其项目的多少及标准的高低，在很大程度上受到公司经济效益和支付能力的影响。

常见的补充福利项目主要包括交通补贴、房租补助、免费住房、工作午餐、通信补助和子女医疗费补助等。

2. 集体福利与个人福利

集体福利主要是指全部职工都可以享受的公共福利设施，如职工食堂、健身室、浴池、体育场所、医疗设施等。

个人福利是指在个人具备国家及所在公司规定的条件时可以享受的福利，如探亲假、子女医疗补助、房租补贴等。

3. 经济性福利与非经济性福利

经济性福利主要包括表 6-5 中的十项内容。

表 6-5　经济性福利的内容

福　利	具体阐述
住房性福利	以成本价向员工出售住房、提供房租补贴等
交通性福利	为员工提供交通补贴、用班车接送员工上下班等
饮食性福利	向员工提供免费的午餐、慰问性的水果等
教育培训性福利	让员工进行脱产进修、短期培训等
医疗保健性福利	免费为员工进行例行体检，或者打预防针等
有薪节假	节日、假日及事假、探亲假、带薪休假等
文化旅游性福利	为员工过生日而举办的活动，集体旅游、体育设施的购置等
金融性福利	为员工购买住房提供低息贷款等

福　利	具体阐述
其他生活性福利	如提供工作服
补充保险与商业保险	①补充保险包括补充养老保险、补充医疗保险等。 ②商业保险包括安全与健康保险、养老保险金计划、家庭财产保险等

公司提供非经济性福利，其基本目的在于全面改善员工的工作生活质量，主要包括以下三项服务：

①咨询性服务，如免费为员工提供法律咨询和心理健康咨询等。

②保护性服务，就业权利保护、隐私权保护等。

③工作环境保护，如实行弹性工作时间、缩短工作时间、员工参与民主化管理等。

6.4.6　人力资源预算管理

公司虽然可以为员工提供相关的福利，但是也会增加公司的总成本，所以对于公司人力资源管理来说也需要做好预算管理。

人力资源预算是公司人力资源部门根据公司的发展战略，以及前一年度的人员情况，对下一年度人员需求，及其成本费用进行的预测，并在执行过程中根据公司的实际情况不断改进和完善的一种制度，其内容主要包括以下三个方面：

①公司的人力成本，即职工薪酬，一年需要支付多少。

②按照国家社会保障体系的要求所缴纳的保险费用也是人力资源费用中一个重要的组成部分，如各种基金和社会保险等。

③本部门的费用预算，如招聘费用、员工的培训费用、辞退员工的补偿费用、劳动纠纷的法律咨询费用，以及本部门直接发生的办公费、通信费等。

对于公司来说，想要做好人力资源预算管理可以参考以下步骤进行：

第一步，成立预算编制小组。预算编制小组应由人力资源部各成员构成。人力资源各成员对预算编制的具体工作进行起草编制，并由公司决策层负责整体的领导与决策工作。

第二步，制订预算编制时间计划。预算编制小组成立以后，需要确定预算的编制时间，包括预算启动时间、费用预算时间、预算审核时间和预算确认时间等。

第三步，提交预算编制内容。在计划的时间内将公司的人力资源预算表提交到人力资源部，人力资源部进行汇总编制，制定出集团总体人力资源预算草案。

第四步，预算内容的审核。预算草案制定完成后，提交给人力资源部修改完善。

第五步，预算方案的确认。预算修改完善后，将预算方案提交给总经理审批、确认，并形成文件送发到各个部门执行。

第7章

注重风险防范：新公司常见财务问题

公司在进行各项财务活动时，会面临各种不确定的因素，由此会带来一定的财务风险，经营者需要知道有哪些财务风险，以及如何去规避这些财务风险。对于新公司而言，更需要处理好财务问题，促使公司健康发展。

7.1 新公司财务风险与防范

公司的各项财务活动可能会面临各种难以预料的风险，促使其财务状况具有不确定性，从而使公司有蒙受损失的可能性。

7.1.1 公司财务风险分类

公司财务风险根据不同的划分标准可以分为不同的种类，按其风险来源可以划分为图 7-1 中的五类，下面就来详细了解。

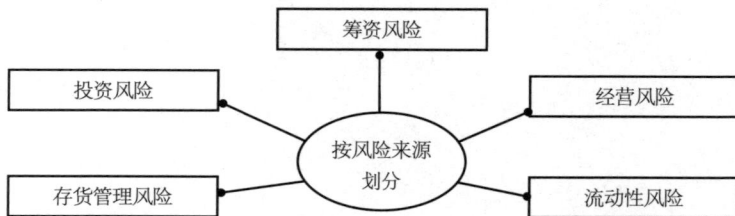

图 7-1 财务风险的分类

1. 筹资风险

筹资风险是指由于宏观经济环境的变化，公司筹集资金给财务成果带来的不确定性，主要包括利率风险、再融资风险、财务杠杆效应、汇率风险和购买力风险等，见表 7-1。

表 7-1　筹资风险的内容

风险类别	具体阐述
利率风险	利率风险是指由于金融市场中金融资产的波动而导致筹资成本发生变动而带来的风险
再融资风险	再融资风险是指由于金融市场上金融工具、品种、融资方式的变动，导致公司再次融资产生不确定性，或公司本身筹资结构不合理导致再融资产生困难的风险
财务杠杆效应	财务杠杆效应是指由于公司使用杠杆融资给利益相关者的利益带来的不确定性
汇率风险	汇率风险是指由于汇率变动引起的公司外汇业务的不确定性
购买力风险	购买力风险是指由于货币币值的变动给筹资带来的影响

2. 投资风险

投资风险指公司投入一定资金后，因市场需求变化而使最终收益与预期收益偏离的一种风险。

一般公司对外投资的形式主要有直接投资和证券投资两种。证券投资又主要包括股票投资和债券投资两种。其中，股票投资是用公司积累起来的货币购买股票的一种投资形式；债券投资是通过购买债券，到期收取固定的利息，以及收回本金的一种投资方式，可能会面临被投资者无力偿还债务的风险。

投资风险一般主要包括再投资风险、汇率风险、通货膨胀风险和违约风险等。

3. 经营风险

经营风险是指公司在生产经营过程中，因为供、产、销各个环节中的一些不确定性因素的影响而导致公司资金运动迟滞，使公司价值产生变动，主要包括采购风险、生产风险、存货变现风险等。

①采购风险是指由于原材料供应商的变动而产生的原材料供应不足的可能，以及由于信用条件和付款方式的变动而导致实际付款期限与平均付款期限产生偏离的风险。

②生产风险是指由于信息、技术及人员的变动等而导致生产工艺流程的

变化，以及由于库存不足所导致的停工或销售迟滞的可能。

③存货变现风险是指由于产品市场变动而导致产品销售受阻的可能。

4. 存货管理风险

存货管理风险是指公司存货太多容易导致产品积压，占用公司资金，风险较高；存货太少又可能导致原料供应不及时，影响公司的正常生产，严重时可能造成对客户的违约，影响公司的信誉。

5. 流动性风险

流动性风险是指公司资产不能正常变现或公司债务和付现责任不能正常履行的可能性。

从这个意义上来说，又可以把公司的流动性风险分为公司的变现能力和偿付能力两部分。由于公司支付能力和偿债能力发生的问题，称为现金不能清偿风险；由于公司资产不能确定性地转移为现金而发生的问题称为变现力风险。

7.1.2 引发公司财务风险的原因

公司财务风险产生的原因很多，既有公司外部的原因，也有公司自身的原因，而且不同的财务风险其形成的具体原因也不相同。一般包括如下原因：

1. 外部原因

公司经营的外部环境是形成公司财务风险的外部原因，主要包括宏观经济环境和政策及行业背景的影响。

◆ 宏观经济环境和政策

无论从短期还是长远来看，宏观经济环境都是影响公司生存、发展最基本的因素。公司的经济效益会随着宏观经济环境、宏观经济政策、利率水平和物价水平等宏观经济因素的变动而变动。

如果宏观经济良好，公司总体盈利水平也会提高，财务状况也会变好，相应的财务风险就会降低；如果宏观经济不行，公司投资和经营也会受到影响，盈利下降，可能就会面临财务风险。

当国家宏观经济政策发生变化时，如调整利率水平、实施消费信贷政策等，公司持有资金的成本也会随之变化，也会给公司财务状况带来不确定性。

如利率水平提高，公司有可能会因为支付过多的利息或者不能履行偿债义务，由此产生财务风险。

◆ **所处行业的影响**

公司所处行业是连接宏观经济与公司的桥梁，也是分析公司财务状况的重要因素。公司行业在宏观经济中所处的地位，以及行业所处的生命周期，都会使行业的投资价值不一样，其投资风险也不一样。

2. 内部原因

虽然外部原因会给公司带来财务风险，但内部原因才是公司产生财务风险的根本原因，其形成原因主要包括表 7-2 所示的五点。

表 7-2　财务风险产生的内部原因

原　因	具体阐述
资本结构不合理	当公司的自有资金和借入资金的比例不恰当时，就会造成公司资本结构不合理，从而引发财务风险。如公司举债过多，会使公司支付利息过多，影响公司的偿债能力，容易产生财务风险；但若是公司不举债，或举债比例很小，也容易导致公司运营资金不足，会影响公司的盈利能力。所以公司需要根据自身情况制定合理的资本结构
投资决策不合理	投资决策对公司未来的发展起着至关重要的作用，正确的投资决策可以降低公司风险，增加公司盈利；错误的投资决策可能会给公司带来毁灭性的损失，错误的投资决策往往就是公司没有充分认识到投资的风险，同时对自身承受风险的能力也预估有误而产生的
财务管理制度不完善	公司财务管理制度是对财务管理内容的进一步细化，如果公司财务管理制度不能很好地执行，很容易造成财务上的疏漏，给公司带来财务风险
财务人员风险意识淡薄	在实际工作中，公司财务人员缺乏风险意识，忽视了对公司财务风险的预警，会导致公司在应对突发事件时，应变能力不足，给公司带来财务风险
利润分配政策不合理	利润分配政策对公司未来的发展有重大影响，其分配方法的选择会影响公司的声誉，影响投资者对公司未来发展的判断，进而影响投资者的投资决策。如果公司利润的分配脱离了公司的实际情况，缺乏合理的控制制度，必将会影响公司的财务结构，可能会形成财务风险

7.1.3 新公司如何防范财务风险

公司的财务风险是客观存在的，无法完全消除，只能采取相关措施将其降到最小，公司可以从以下五方面着手：

1. 防范筹资风险的措施

当经营过程中出现资金不足情况时，可以采取发行股票、债券或向银行借款等方式来筹集所需资金。

2. 防范投资风险的措施

一般来说，投资期限越长，其不稳定性因素就越多，其风险也就越大，因此应尽量选择短期投资。而在进行证券投资时，应采取分散投资的策略，尽量选择多种投资品种进行组合投资，通过组合投资来降低风险。

3. 防范汇率风险的措施

防范汇率风险的措施可以从以下四方面入手：

◆ **选择合适的合同货币**

在对外经济贸易中，选择哪种货币作为计量货币直接关系到交易主体将承担哪种汇率风险。为避免汇率风险，公司应尽量使用本国货币作为合同货币，同时在合同中加列保值条款等措施。

◆ **在金融市场进行保值操作**

在金融市场进行保值操作，其主要方法有现汇交易、期货交易、期汇交易、期权交易和外币票据贴现等。

◆ **经营多样化**

经营多样化是指在国际范围内分散销售，通过国际化的多样经营，当汇率出现异常变化时，管理部门可以通过比较不同地区的生产、销售和成本的变化来趋利避害。

◆ **财务多样化**

财务多样化是指实行多样化筹资和投资，这样即使在有的外币贬值，有的外币升值的情况下，公司也可以使部分外汇风险相互抵消。

4. 防范流动性风险的措施

公司的流动资产一般包括现金、存货、应收账款等项目。防范流动性风险的目的是在保持资产流动性的前提下，实现公司利益最大化。公司持有现金过多，可能会由于较多的资金占用而失去其他的获利机会；持有现金太少，又可能会面临资金不能满足流动性需要的风险。

所以，公司应确定一个最优的现金库存量，从而在防范流动性风险的前提下实现利益最大化。

5. 防范经营风险的措施

一般来说，在其他因素不变的情况下，市场对公司产品的需求越稳定，公司未来取得的经营收益就越稳定，经营风险也就越小。因此公司在确定生产哪种产品时，应先对产品市场做好调研，生产适销对路的产品。

另外，销售价格是影响产品销售收入的因素之一，销售价格越稳定，销售收入就越稳定，公司未来的经济利益也就越稳定，经营风险也就越小。

7.2　新公司常见财务问题

公司在成立初期，会因为对财务规定不太了解或一味地秉承利益至上的目标，而深陷陷阱之中，无论是被动的，还是主动的，对于公司的发展来说都是不利的，公司应尽量规避这些陷阱。

7.2.1　分不清出纳与会计的岗位职责

一般来说，出纳和会计是公司需要同时具备的两个岗位，但是一些小公司并不具备设置会计机构的条件，这时可根据《会计法》第三十四条的规定实行代理记账，具体条文内容如下：

"各单位应当根据会计业务的需要，依法采取下列一种方式组织本单位的会计工作：

"（一）设置会计机构；

"（二）在有关机构中设置会计岗位并指定会计主管人员；

"（三）委托经批准设立从事会计代理记账业务的中介机构代理记账；

"（四）国务院财政部门规定的其他方式。

"国有的和国有资本占控股地位或者主导地位的大、中型企业必须设置总会计师。总会计师的任职资格、任免程序、职责权限由国务院规定。"

不具备设置条件的公司可能没有出纳和会计岗位，但若是具备设置条件的，需要同时设置一名出纳和会计。《会计法》第三十五条，有以下相关规定：

"会计机构内部应当建立稽核制度。出纳人员不得兼任稽核、会计档案保管和收入、支出、费用、债权债务账目的登记工作。"

但是对于一些财务不规范的小公司来说仍然存在着出纳和会计兼任这样的问题，这无疑是在违法边缘试探，《会计法》第四十条规定："违反本法规定，有下列行为之一的，由县级以上人民政府财政部门责令限期改正，给予警告、通报批评，对单位可以并处二十万元以下的罚款，对其直接负责的主管人员和其他直接责任人员可以处五万元以下的罚款；情节严重的，对单位可以并处二十万元以上一百万元以下的罚款，对其直接负责的主管人员和其他直接责任人员可以处五万元以上五十万元以下的罚款；属于公职人员的，还应当依法给予处分：

"（一）不依法设置会计账簿的；

"（二）私设会计账簿的；

"…………

"（十）任用会计人员不符合本法规定的。

"有前款所列行为之一，构成犯罪的，依法追究刑事责任。会计人员有第一款所列行为之一，情节严重的，五年内不得从事会计工作。有关法律对第一款所列行为的处罚另有规定的，依照有关法律的规定办理。"

所以公司需要清楚出纳岗位与会计岗位的责任，不能混淆，更不能知法犯法。出纳岗位主要具有以下职责，如图 7-2 所示。

出纳职责

1. 按照国家有关现金管理和银行结算制度的规定，办理现金收付和银行结算业务。出纳员应严格遵守现金开支范围，非现金结算范围不得用现金收付；遵守库存现金限额，超限额的现金按规定及时送存银行；现金管理要做到日清月结，账面余额与库存现金每日下班前应核对，发现问题，及时查对；银行存款与银行对账单也要及时核对，如有不符，应立即通知银行调整。

2. 根据会计制度的规定，在办理现金和银行存款收付业务时，要严格审核有关原始凭证，再据以编制收付款凭证，然后根据编制的收付款凭证逐笔按顺序登记现金日记账和银行存款日记账，并结出余额。

3. 按照国家外汇管理和结汇、购汇制度的规定及有关批件，办理外汇出纳业务。出纳人员应熟悉国家外汇管理制度，及时办理结汇、购汇、付汇；避免国家外汇损失。

4. 掌握银行存款余额，不准签发空头支票，不准出租出借银行账户为其他单位办理结算，出纳员应严格支票和银行账户的使用和管理。

> 5. 保管库存现金和各种有价证券（如国库券、债券、股票等）的安全与完整。要建立适合本单位情况的现金和有价证券保管责任制。
> 6. 保管有关印章、空白收据和空白支票。通常，单位财务公章和出纳员名章要实行分管，交由出纳员保管的出纳印章要严格按规定用途使用，各种票据要办理领用和注销手续。

图 7-2　出纳岗位职责

会计岗位主要具有以下职责，如图 7-3 所示。

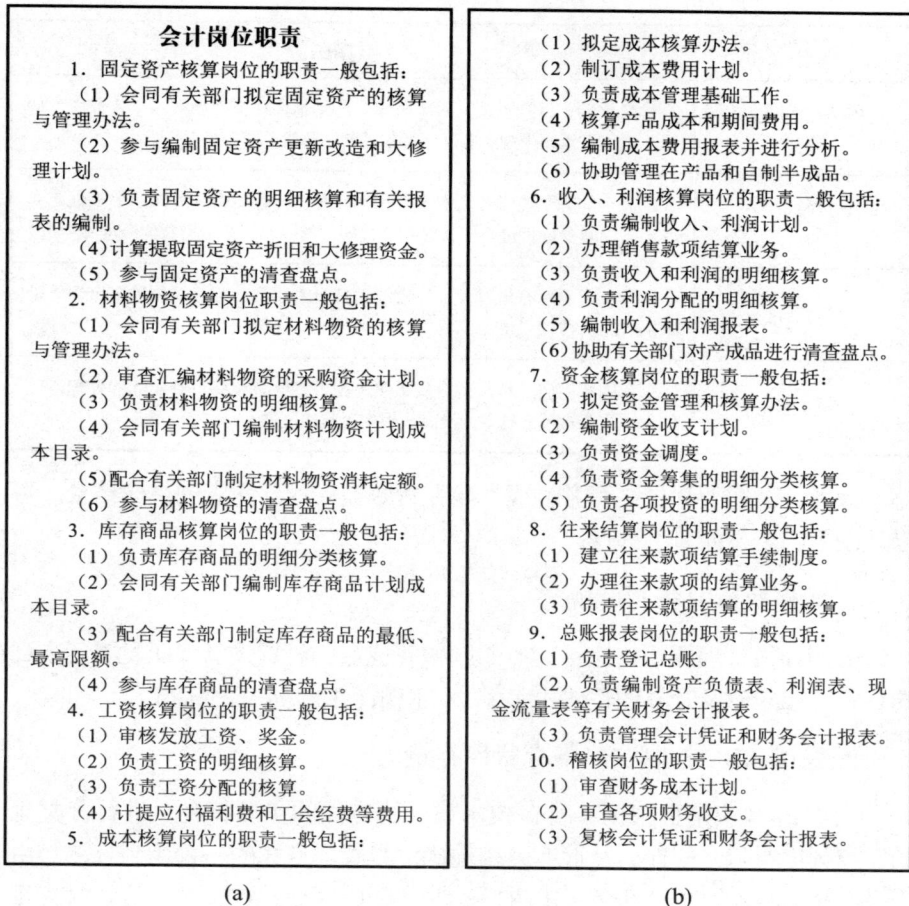

会计岗位职责

1. 固定资产核算岗位的职责一般包括：
   （1）会同有关部门拟定固定资产的核算与管理办法。
   （2）参与编制固定资产更新改造和大修理计划。
   （3）负责固定资产的明细核算和有关报表的编制。
   （4）计算提取固定资产折旧和大修理资金。
   （5）参与固定资产的清查盘点。
2. 材料物资核算岗位职责一般包括：
   （1）会同有关部门拟定材料物资的核算与管理办法。
   （2）审查汇编材料物资的采购资金计划。
   （3）负责材料物资的明细核算。
   （4）会同有关部门编制材料物资计划成本目录。
   （5）配合有关部门制定材料物资消耗定额。
   （6）参与材料物资的清查盘点。
3. 库存商品核算岗位的职责一般包括：
   （1）负责库存商品的明细分类核算。
   （2）会同有关部门编制库存商品计划成本目录。
   （3）配合有关部门制定库存商品的最低、最高限额。
   （4）参与库存商品的清查盘点。
4. 工资核算岗位的职责一般包括：
   （1）审核发放工资、奖金。
   （2）负责工资的明细核算。
   （3）负责工资分配的核算。
   （4）计提应付福利费和工会经费等费用。
5. 成本核算岗位的职责一般包括：

   （1）拟定成本核算办法。
   （2）制订成本费用计划。
   （3）负责成本管理基础工作。
   （4）核算产品成本和期间费用。
   （5）编制成本费用报表并进行分析。
   （6）协助管理在产品和自制半成品。
6. 收入、利润核算岗位的职责一般包括：
   （1）负责编制收入、利润计划。
   （2）办理销售款项结算业务。
   （3）负责收入和利润的明细核算。
   （4）负责利润分配的明细核算。
   （5）编制收入和利润报表。
   （6）协助有关部门对产成品进行清查盘点。
7. 资金核算岗位的职责一般包括：
   （1）拟定资金管理和核算办法。
   （2）编制资金收支计划。
   （3）负责资金调度。
   （4）负责资金筹集的明细分类核算。
   （5）负责各项投资的明细分类核算。
8. 往来结算岗位的职责一般包括：
   （1）建立往来款项结算手续制度。
   （2）办理往来款项的结算业务。
   （3）负责往来款项结算的明细核算。
9. 总账报表岗位的职责一般包括：
   （1）负责登记总账。
   （2）负责编制资产负债表、利润表、现金流量表等有关财务会计报表。
   （3）负责管理会计凭证和财务会计报表。
10. 稽核岗位的职责一般包括：
    （1）审查财务成本计划。
    （2）审查各项财务收支。
    （3）复核会计凭证和财务会计报表。

(a)　　　　　　　　　　(b)

图 7-3　会计岗位职责

7.2.2　存货管理不到位

存货是指公司在日常活动中持有以备出售的产成品或商品、处在生产过程中的在产品、在生产过程或提供劳务过程中耗用的材料或物料等，包括各类材料、在产品、半成品、低值易耗品、委托加工物资等。

公司留置一部分存货可以保证其生产经营或销售的需要，但是积压过多的存货会使存货周转率降低，占用较多资金，会影响公司盈利能力，并且会增加包括仓储费、维护费、管理人员工资等各项费用，使公司成本增加。

对于新公司来说，在存货管理上容易存在以下四点误区，见表7-3。

表 7-3　存货管理误区

误　区	具体阐述
内部控制制度 不健全	材料采购、付款收款、入库出库、产品销售环节都由同一个人完成，使采购销售工作缺少规章制度，增加了营私舞弊的可能性
存货储备量 不合理	部分公司为了控制流动资金占用额，在进行存货管理时想尽量降低库存占用量，减少进货量，但又影响了公司正常生产经营所需要的合理库存量
存货积压过多	留置存货的库存量过大，导致流动资金占用高，给公司流动资金周转带来很大的困难
管理不到位	每年毁损报废、积压的存货虽然上报了，但是没有得到实际的处理，致使积压的存货越来越多，没有从根本上解决问题

因此，公司要尽量平衡各种成本与存货效益，达到两者的最佳结合。可以从以下四个方面着手进行：

1. 严格执行财务制度规定

公司存货管理要严格执行财务制度相关规定，对货物已到而发票还未到的存货，月末应及时办理暂估入库手续，使账、物、卡三者相符。

2. 采用 ABC 控制法降低存货库存量

ABC 控制法是指根据事物在技术或经济方面的主要特征，进行分类排列，罗列出重点和一般，从而有区别地确定其管理方式的一种控制方法。由于它把被分析的对象分成 A、B、C 三类，所以又称为 ABC 控制法。对存货的日常管理也可采用此方法，根据存货的重要程度，将其分为 ABC 三种类型，具体内容如下：

A 类存货品种占全部存货的 5% ~ 20%，资金占存货总额的 60% ~ 80%

左右，实行重点管理，如大型备品备件等。

B 类存货为一般存货，品种占全部存货的 20% ~ 25%，资金占全部存货总额的 20% ~ 25%，适当控制，实行日常管理，如日常生产消耗用材料等。

C 类存货品种占全部存货的 55% ~ 75%，资金占存货总额的 0 ~ 15%，进行一般管理，如办公用品、劳保用品等。

通过 ABC 控制法，可以抓住重点存货，控制一般存货，制订出较为合理的存货采购计划，从而有效地控制存货库存量，减少流动资金占用，提高资金周转速度。

下面通过一个案例来认识 ABC 控制法的应用。

实例分析
ABC 存货管理法实例分析

某公司保持有九种商品的库存，其有关资料见表 7-4，为了更好地管理这些存货，该公司打算使用 ABC 法来进行管理。

表 7-4　某公司商品库存

商品编号	单价（元）	库存量（件）
①	6.00	300
②	3.00	200
③	3.00	100
④	2.00	120
⑤	2.00	100
⑥	8.00	1 000
⑦	1.00	130
⑧	5.00	180
⑨	0.70	100

根据以上数据，按照商品单价从大到小的排列顺序，其计算结果见表 7-5。

表 7-5　各库存商品资金所占比例及品种数目所占比例

商品编号	单价/元	库存量/件	金额	累计金额	占全部金额的累计比例（%）	占全部品种的累计比例（%）
⑥	8.00	1000	8 000.00	8 000.00	65.36%	11.1%
①	6.00	300	1 800.00	9 800.00	80.07%	22.2%
⑧	5.00	180	900.00	10 700.00	87.42%	33.3%
②	3.00	200	600.00	11 300.00	92.32%	44.4%
③	3.00	100	300.00	11 600.00	94.77%	55.5%
④	2.00	120	240.00	11 840.00	96.73%	66.6%
⑤	2.00	100	200.00	12 040.00	98.37%	77.7%
⑦	1.00	130	130.00	12 170.00	99.43%	88.8%
⑨	0.70	100	70.00	12 240.00	100%	100%

　　注意，表 7-5 中的累计金额为各商品金额依次相加之和，如①商品对应的累计金额等于（8 000.00+1 800.00），即 9 800.00 元；⑧商品对应的累计金额等于（9 800.00+900.00），即 10 700.00 元，后续累计金额也依次计算即可。

　　其中，占全部金额的累计比例等于该商品对应的累计金额与总金额的比率，如⑥商品占全部金额的累计比例等于（8 000.00÷12 240.00×100%），即 65.36%。

　　占全部品种的累计比例等于该商品品种数占全部品种数的比例再累计相加，如商品⑥占全部商品（9 种）的比例为 1÷9×100%=11.1%，其余商品分别所占比重也为 11.1%。如根据排序，商品①前面还有商品⑥，故商品①对应占全部品种的累计比例为 22.2%，即〔（2÷9）×100%〕。后续也依次计算，在计算累计比例时直接保留一位小数。

　　根据以上表格的计算结果，按照 ABC 控制法，可以对该公司的库存进行分类，见表 7-6。

　　其中，商品①与⑧金额之和 =1 800.00+900.00=2 700.00(元)，库存品种数比例 =11.1%×2×100%=22.2%，占用金额比例 =2 700.00÷12 240.00×100% ≈ 22.06%，故属于 B 类。

表 7-6 某公司商品库存

分类	每类金额（元）	库存品种数 比例（%）	占用金额 比例（%）
A 类：商品⑥	8 000.00	11.1%	65.36%
B 类：商品①和⑧	2 700.00	22.2%	22.06%
C 类：商品②、③、④、⑤、⑦、⑨	1 540.00	66.7%	12.58%

商品②、③、④、⑤、⑦、⑨金额之和 =（600.00+300.00+240.00+200.00 +130.00+70.00）=1 540.00（元），库存品种数比例 =11.1%×6×100%=66.6%，占用金额比例 =1 540.00÷12 240.00×100% ≈ 12.58%，故属于 C 类。由此可以看出该公司应该对⑥商品定时进行盘点，在满足公司经营需要的情况下，尽量保持合理的库存量，既要降低库存，也需要加快库存周转。

3. 加强存货采购管理，控制采购成本

首先根据公司实际存货情况，做出科学合理的存货采购计划。其次，规范采购行为，本着节约的原则，公司需要多收集供货单位的各种信息，如价格、种类、品质等，做到货比三家，提高资金利用率。

4. 充分利用 ERP 等先进技术，实现存货信息化管理

ERP 系统是一种制造业系统和资源计划软件，具有制造、财务、销售、采购等功能。此外，还包括质量管理、业务流程管理、存货管理、人力资源管理等功能。目前，ERP 已被广泛用于各类行业，利用 ERP 可以实现人、财、物、产、供、销全方位科学高效管理，可以降低库存，提高存货管理效率。

7.2.3 货币资金内部控制制度不完善

货币资金内部控制制度是指公司为了保护其货币资金的安全合法性而建立的一种相互制约的体系。

对于一些中小型公司来说很多制度不是很规范，容易忽视其内控制度的建立，但是货币资金对于公司的重要性来说又是不言而喻的，它是公司资产的重要组成部分，所以新公司也需要加强对货币资金的管理。

除此之外，公司对于与现金息息相关的出纳人员也需要进行管理，出纳人员需要遵守以下规定：

①出纳人员负责现金的收支和保管，不得兼管收入费用账簿的登记；填写银行结算凭证的有关印鉴由不同人员分别管理。

②遵守收据和发票领用制度。

③对现金收付交易根据原始凭证编制记账凭证后，要加盖"收讫"和"付讫"章。

④对库存现金要做到日清月结。

公司建立和完善相关货币资金内部控制制度，如图 7-4 和图 7-5 所示。

第一章　总则

第一条　为了加强对单位货币资金的内部控制和管理，保证货币资金的安全，根据《中华人民共和国会计法》和《内部会计控制规范——基本规范》等法律法规，制定本规范。

第二条　本规范所称货币资金是指单位所拥有的现金、银行存款和其他货币资金。

第三条　本规范适用于国家机关、社会团体、公司、企业、事业单位和其他经济组织（以下统称单位）。

第四条　国务院有关部门可以根据国家有关法律法规和本规范，制定本部门或本系统的货币资金内部控制规定。

各单位应当根据国家有关法律法规和本规范，结合部门或系统的货币资金内部控制规定，建立适合本单位业务特点和管理要求的货币资金内部控制制度，并组织实施。

第五条　单位负责人对本单位货币资金内部控制的建立健全和有效实施以及货币资金的安全完整负责。

第二章　岗位分工及授权批准

第六条　单位应当建立货币资金业务的岗位责任制，明确相关部门和岗位的职责权限，确保办理货币资金业务的不相容岗位相互分离、制约和监督。

出纳人员不得兼任稽核、会计档案保管和收入、支出、费用、债权债务账目的登记工作。

单位不得由一人办理货币资金业务的全过程。

第七条　单位办理货币资金业务，应当配备合格的人员，并根据单位具体情况进行岗位轮换。

办理货币资金业务的人员应当具备良好的职业道德，忠于职守，廉洁奉公，遵纪守法，客观公正，不断提高会计业务素质和职业道德水平。

第八条　单位应当对货币资金业务建立严格的授权批准制度，明确审批人对货币资金业务的授权批准方式、权限、程序、责任和相关控制措施，规定经办人办理货币资金业务的职责范围和工作要求。

第九条　审批人应当根据货币资金授权批准制度的规定，在授权范围内进行审批，不得超越审批权限。

经办人应当在职责范围内，按照审批人的批准意见办理货币资金业务。对于审批人超越授权范围审批的货币资金业务，经办人员有权拒绝办理，并及时向审批人的上级授权部门报告。

第十条　单位应当按照规定的程序办理货币资金支付业务。

（一）支付申请。单位有关部门或个人用款时，应当提前向审批人提交货币资金支付申请，注明款项的用途、金额、预算、支付方式等内容，并附有效经济合同或相关证明。

（二）支付审批。审批人根据其职责、权限和相应程序对支付申请进行审批。对不符合规定的货币资金支付申请，审批人应当拒绝批准。

（三）支付复核。复核人应当对批准后的货币资金支付申请进行复核，复核货币资金支付申请的批准范围、权限、程序是否正确，手续及相关单证是否齐备，金额计算是否准确，支付方式、支付单位是否妥当等。复核无误后，交由出纳人员办理支付手续。

（四）办理支付。出纳人员应当根据复核无误的支付申请，按规定办理货币资金支付手续，及时登记现金和银行存款日记账。

第十一条　单位对于重要货币资金支付业务，应当实行集体决策和审批，并建立责任追究制度，防范贪污、侵占、挪用货币资金等行为。

第十二条　严禁未经授权的机构或人员办理货币资金业务或直接接触货币资金。

(a)　　　　　　　　　　　　　(b)

图 7-4　货币资金内部控制制度（1-2 页）

第三章 现金和银行存款的管理

第十三条 单位应当加强现金库存限额的管理，超过库存限额的现金应及时存入银行。

第十四条 结合本单位的实际情况，确定本单位现金的开支范围。不属于现金开支范围的业务应当通过银行办理转账结算。

第十五条 单位现金收入应当及时存入银行，不得用于直接支付单位自身的支出。因特殊情况需坐支现金的，应事先报经开户银行审查批准。

单位借出款项必须执行严格的授权批准程序，严禁擅自挪用、借出货币资金。

第十六条 单位取得的货币资金收入必须及时入账，不得私设"小金库"，不得账外设账，严禁收款不入账。

第十七条 单位应当严格按照《支付结算办法》等国家有关规定，加强银行账户的管理，严格按照规定开立账户，办理存款、取款和结算。

单位应当定期检查、清理银行账户的开立及使用情况，发现问题，及时处理。

单位应当加强对银行结算凭证的填制、传递及保管等环节的管理与控制。

第十八条 单位应当严格遵守银行结算纪律，不准签发没有资金保证的票据或远期支票，套取银行信用；不准签发、取得和转让没有真实交易和债权债务的票据，套取银行和他人资金；不准无理拒绝付款，任意占用他人资金；不准违反规定开立和使用银行账户。

第十九条 单位应当指定专人定期核对银行账户，每月至少核对一次，编制银行存款余额调节表，使银行存款账面余额与银行对账单调节相符。如调节不符，应查明原因，及时处理。

第二十条 单位应当定期和不定期地进行现金盘点，确保现金账面余额与实际库存相符。发现不符，及时查明原因，作出处理。

第四章 票据及有关印章的管理

第二十一条 单位应当加强与货币资金相关的票据的管理，明确各种票据的购买、保管、领用、背书转让、注销等环节的职责权限和程序，并专设登记簿进行记录，防止空白票据的遗失和被盗用。

第二十二条 单位应当加强银行预留印鉴的管理。财务专用章应由专人保管，个人名章必须由本人或其授权人员保管。严禁一人保管支付款项所需的全部印章。

按规定需要有关负责人签字或盖章的经济业务，必须严格履行签字或盖章手续。

第五章 监督检查

第二十三条 单位应当建立对货币资金业务的监督检查制度，明确监督检查机构或人员的职责权限，定期和不定期地进行检查。

第二十四条 货币资金监督检查的内容主要包括：

（一）货币资金业务相关岗位及人员的设置情况。重点检查是否存在货币资金业务不相容职务混岗的现象。

（二）货币资金授权批准制度的执行情况。重点检查货币资金支出的授权批准手续是否健全，是否存在越权审批行为。

（三）支付款项印章的保管情况。重点检查是否存在办理付款业务所需的全部印章交由一人保管的现象。

（四）票据的保管情况。重点检查票据的购买、领用、保管手续是否健全，票据保管是否存在漏洞。

第二十五条 对监督检查过程中发现的货币资金内部控制中的薄弱环节，应当及时采取措施，加以纠正和完善。

第六章 附 则

第二十六条 本规范由财政部负责解释。

第二十七条 本规范自发布之日起施行。

(a)　　　　　　　　　　　　　　(b)

图 7-5　货币资金内部控制制度（3-4 页）

7.3　新公司转账结算问题

银行转账结算是现代公司常用的结算方式，但并不是所有公司的转账结算程序都是规范的，不管是公司还是个人违反银行结算原则和纪律的，银行都有权按规定予以经济处罚。对于情节严重的，还会停止使用有关结算办法，因此各公司都需要规范其转账结算程序，遵守转账结算原则。

7.3.1 常见转账结算方式

转账结算是各单位在发生往来款项时，不用现金结算，而通过银行将款项从付款人账户划转到收款人账户的货币资金结算方式。

我国银行结算方式主要包括现金结算和转账结算两种，其中转账结算常见的结算方式又包括银行汇票、商业汇票和支票等。

1. 银行汇票

银行汇票是汇款人将款项存入当地出票银行，由出票银行签发的，由其在见票时，按照实际结算金额无条件支付给持票人或收款人的票据，如图 7-6 所示。

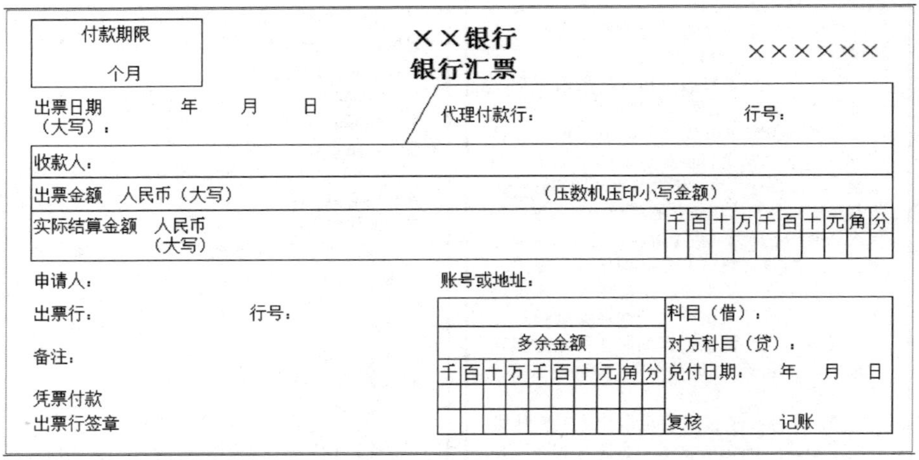
付款期限
个月
××银行
银行汇票
××××××
出票日期（大写）： 年 月 日
代理付款行： 行号：
收款人：
出票金额 人民币（大写） （压数机压印小写金额）
实际结算金额 人民币（大写） 千 百 十 万 千 百 十 元 角 分
申请人： 账号或地址：
出票行： 行号：
备注：
凭票付款
出票行签章
多余金额
千 百 十 万 千 百 十 元 角 分
科目（借）：
对方科目（贷）：
兑付日期： 年 月 日
复核 记账

图 7-6 银行汇票

与其他银行结算方式相比，银行汇票结算方式主要有以下特点，见表 7-7。

表 7-7 银行汇票结算方式的特点

特 点	具体阐述
适用范围广	银行汇票是目前异地结算中较为广泛使用的一种结算方式。凡是各单位、个体经济户和个人需要在异地进行商品交易、劳务供应和其他经济活动债权债务的结算，都可以使用银行汇票。银行汇票既可以用于转账结算，也可以用于支取现金

续上表

特　点	具体阐述
钱货两清	采用银行汇票结算方式的，购货单位购货给票，销售单位验票发货，银行见票付款，这样可以减少结算环节，缩短结算资金在途时间，方便购销活动
安全可靠	银行汇票是银行在收到汇款人汇款后签发的支付凭证，因而具有较高的信誉，银行保证支付，收款人持有票据，可以安全及时地到银行支取款项
使用灵活	采用银行汇票结算，持票人可以将汇票背书转让给销货单位，也可以通过银行办理分次支取或转让，还可以使用信汇、电汇或重新办理汇票转汇款项，有利于购货单位在市场上灵活地采购物资
结算准确	有时候，购货单位不一定能准确确定具体购货金额是多少，可能会出现多汇的情况，而多余款项长时间得不到清算会给购货单位带来不便和损失。而采用银行汇票结算可以避免这种情况，可根据实际采购金额办理支付，多余款项将由银行自动退回

公司在采用银行汇票方式时也需要遵守银行汇票的相关规定，见表7-8。

表 7-8　银行汇票结算方式相关规定

规　定	具体阐述
银行汇票的签发和解付	银行汇票的签发和解付，只能由中国人民银行和商业银行参加"全国联行往来"的银行机构办理；跨系统银行签发的转账银行汇票的解付，应通过同城票据交换将银行汇票和解讫通知提交同城有关银行审核支付后抵用
银行汇票一律记名	所谓记名是指在汇票中需要指定收款人，其他任何人都无权领款；但如果指定收款人以背书方式将领款权转让给其他指定的收款人，其他指定的收款人有领款权
结算起点	银行汇票的汇票金额有结算起点金额，起点金额 500.00 元，500.00 元以下的款项银行不予办理银行汇票结算
付款期限	银行汇票的付款期限为一个月，这里的付款期限是指从签发之日起到办理兑付之日止的时期；这里所说的一个月，是指从签发日开始，统一到下月对应日期止的一个月，比如签发日为 3 月 5 日，则付款期到 4 月 5 日止；逾期的汇票，兑付银行将不予办理

2. 商业汇票

商业汇票是由出票人签发的，委托付款人在指定日期无条件支付确定的金额给收款人或者持票人的票据。

商业汇票根据其承兑人不同，又可以分为商业承兑汇票和银行承兑汇票，其模板如图 7-7 和图 7-8 所示。

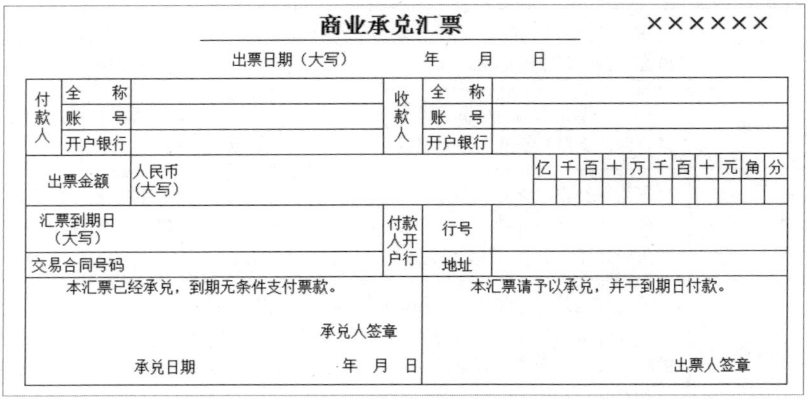

商业承兑汇票　××××××

出票日期（大写）　年　月　日

付款人	全　称		收款人	全　称	
	账　号			账　号	
	开户银行			开户银行	
出票金额	人民币（大写）				亿 千 百 十 万 千 百 十 元 角 分
汇票到期日（大写）			付款人开户行	行号	
交易合同号码				地址	
本汇票已经承兑，到期无条件支付票款。承兑人签章 承兑日期　年　月　日			本汇票请予以承兑，并于到期日付款。出票人签章		

图 7-7　商业承兑汇票

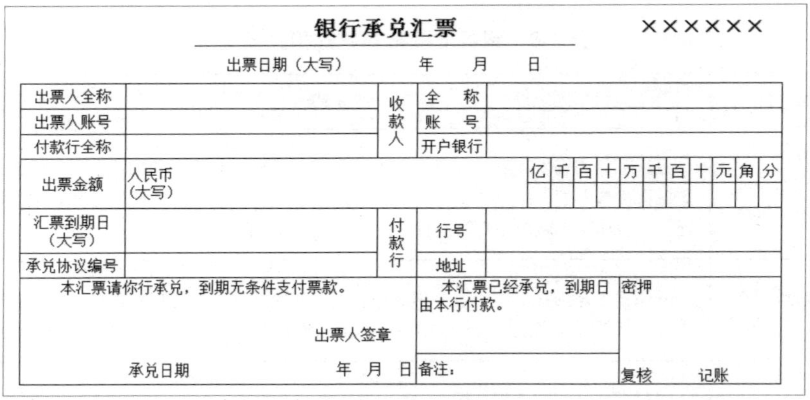

银行承兑汇票　××××××

出票日期（大写）　年　月　日

出票人全称		收款人	全　称		
出票人账号			账　号		
付款行全称			开户银行		
出票金额	人民币（大写）				亿 千 百 十 万 千 百 十 元 角 分
汇票到期日（大写）		付款行	行号		
承兑协议编号			地址		
本汇票请你行承兑，到期无条件支付票款。出票人签章 承兑日期　年　月　日			本汇票已经承兑，到期日由本行付款。备注：		密押 复核　记账

图 7-8　银行承兑汇票

公司在采用商业承兑汇票和银行承兑汇票时，需要了解二者的区别及相关规定，见表 7-9。

表 7-9　商业承兑汇票和银行承兑汇票的内容

分　类	具体阐述
商业承兑汇票	商业承兑汇票是指由银行以外的付款人承兑的票据，其可以由付款人签发并承兑，也可以由收款人签发交由付款人承兑。商业汇票的付款人即为承兑人。 商业承兑汇票的出票人，为在银行开立存款账户的法人，以及其他组织，与付款人必须具有真实的委托付款关系，具有可靠的资金来源

续上表

分　类	具体阐述	
银行承兑汇票	银行承兑汇票是由出票人签发并由其开户银行承兑的票据。 银行承兑汇票的票面金额最高为 1 000.00 万元（含），按其票面金额向承兑申请人收取一定的手续费；其付款期限最长不超过六个月，承兑人在银行承兑汇票到期未付款的，将按规定计收逾期罚息。 银行承兑汇票的出票人需要具备以下条件： ①是在承兑银行开立存款账户的法人，以及其他组织； ②与承兑银行具有真实的委托付款关系； ③能提供具有法律效力的购销合同及其增值税发票； ④有足够的支付能力，良好的结算记录和结算信誉； ⑤与银行信贷关系良好，无贷款逾期记录； ⑥能提供相应的担保，或按要求存入一定比例的保证金	

公司在使用商业汇票时需要注意以下一些必须要记载的事项：

①标明"商业承兑汇票"或"银行承兑汇票"的字样。

②无条件支付的委托。

③确定的金额。

④付款人名称。

⑤收款人名称。

⑥出票日期。

⑦出票人签章。

若是欠缺上述事项之一的，则该商业汇票无效。

3. 支票

支票是指出票人签发的委托银行等金融机构见票时无条件支付确定金额给收款人或其他指定人的一种票据。

支票按照其付款方式又可以划分为现金支票、转账支票和普通支票，如图 7-9、图 7-10、图 7-11 所示。

其中现金支票主要用于支取现金，转账支票主要用于转账，而普通支票既可用于支取现金也可用于转账。

采用支票支付，使用方便、手续简便且灵活，但是在使用时也需要遵循一些相关规定，见表 7-10。

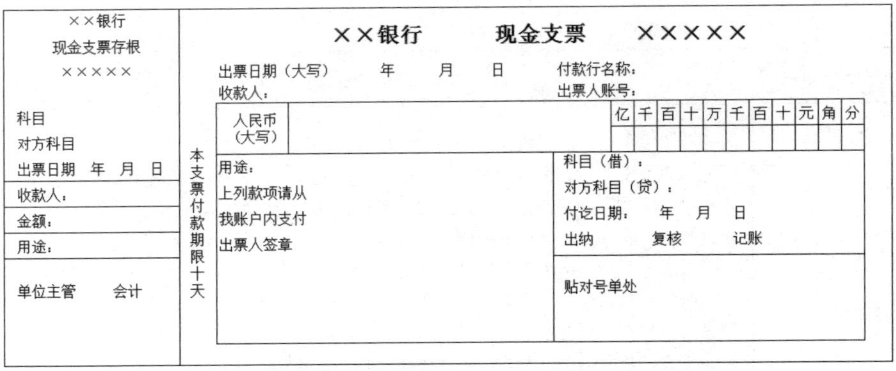
××银行
现金支票存根
×××××
科目
对方科目
出票日期 年 月 日
收款人：
金额：
用途：
单位主管 会计
本支票付款期限十天
××银行 现金支票 ×××××
出票日期（大写） 年 月 日 付款行名称：
收款人： 出票人账号：
人民币（大写） 亿 千 百 十 万 千 百 十 元 角 分
用途：
上列款项请从
我账户内支付
出票人签章
科目（借）：
对方科目（贷）：
付讫日期： 年 月 日
出纳 复核 记账
贴对号单处

图 7-9 现金支票

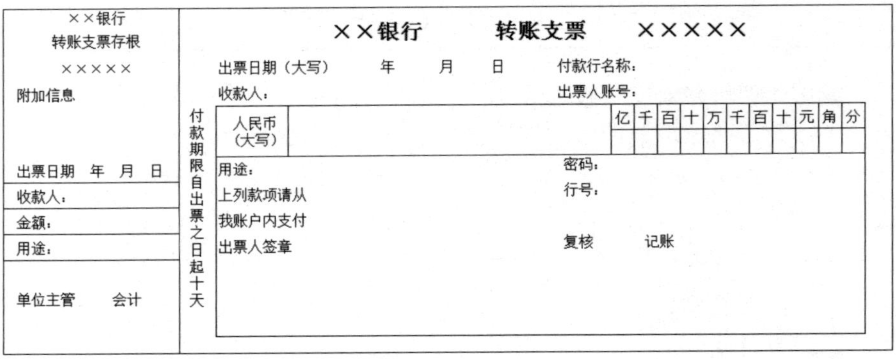
××银行
转账支票存根
×××××
附加信息
出票日期 年 月 日
收款人：
金额：
用途：
单位主管 会计
付款期限自出票之日起十天
××银行 转账支票 ×××××
出票日期（大写） 年 月 日 付款行名称：
收款人： 出票人账号：
人民币（大写） 亿 千 百 十 万 千 百 十 元 角 分
用途：
上列款项请从
我账户内支付
出票人签章
密码：
行号：
复核 记账

图 7-10 转账支票

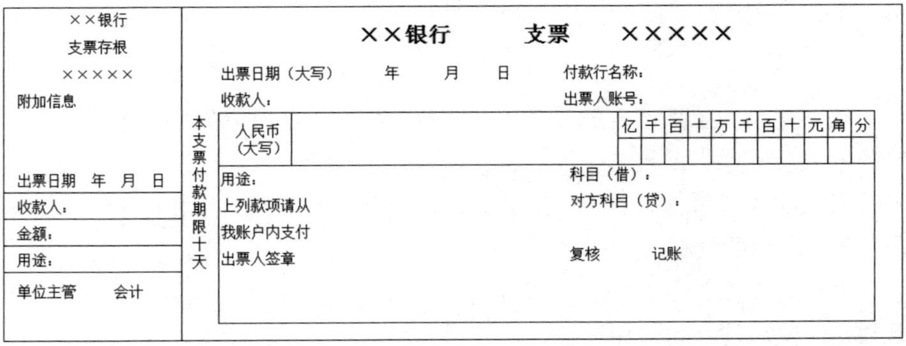
××银行
支票存根
×××××
附加信息
出票日期 年 月 日
收款人：
金额：
用途：
单位主管 会计
本支票付款期限十天
××银行 支票 ×××××
出票日期（大写） 年 月 日 付款行名称：
收款人： 出票人账号：
人民币（大写） 亿 千 百 十 万 千 百 十 元 角 分
用途：
上列款项请从
我账户内支付
出票人签章
科目（借）：
对方科目（贷）：
复核 记账

图 7-11 普通支票

表 7-10 支票相关规定

规 定	具体阐述
必须记载事项	①写明"支票"字样； ②无条件支付的委托； ③付款人名称； ④出票人签章； ⑤出票日期； ⑥确定的金额
使用规定	①支票一律记名，转账支票可以背书转让； ②支票提示付款期为 10 天（从签发支票当日起，到期日遇例假顺延）； ③支票签发的日期、大小写金额和收款人名称不得更改，其他内容有误，可以画线更正，并加盖预留银行印鉴之一证明； ④支票发生遗失，可以向付款银行申请挂失，挂失前已经支付，银行不予受理； ⑤出票人签发空头支票、签章与银行预留印鉴不符的支票、使用支付密码但支付密码错误的支票，银行除将支票做退票处理外，还要按票面金额处以一定比例 % 但不低于 1 000.00 元的罚款

7.3.2 转账结算原则与注意事项

银行转账结算业务每一笔都牵涉到收付款用户，及其各自的开户银行，关系到四方当事人各自的权利、责任、利益问题。为了妥善处理各方的经济利益关系，需要各方同时遵循相关的支付结算原则，主要包括以下三点：

1. 恪守信用，钱货两清

恪守信用是指购销双方在进行商品交易时，除了一手交钱，一手交货的情况外，双方若事先约定了预付货款或分期支付，对于延期支付的货款，必须按交易合同规定到期结清，不得随意破坏协议，拖欠货款。

2. 谁的钱进谁的账，由谁支配

谁的钱进谁的账是指银行必须正确处理收、付双方的经济关系，迅速、及时地办理资金清算，是谁收入的钱记入谁的账户，保证资金安全及完整性。

3. 银行不垫款

银行办理转账结算时，只负责把资金从付款单位账户转入收款单位账户，不承担垫付资金的责任，也不允许客户套取银行信贷资金。

公司对公账户一般分为基本存款账户、一般存款账户、专用存款账户等，无论是用哪种账户进行转账结算，都需要注意以下问题：

①仔细检查收款方的户名、账号、开户行等信息，转账成功后和对方确认。

②款项用途摘要的填写要简洁明了，以便收款方核查确认，并进行账务处理。

③开好转账支票后，要写好进账单。